Dunkle Krimis

CRIME NOIR

DIE KUNST DER CHARAKTERZEICHNHUNG

Dunkle Krimis

CRIME NOIR

DIE KUNST DER CHARAKTERZEICHNHUNG

CHRISTOPHER HART

EDITION
MICHAEL FISCHER

Titel der Originalausgabe: "Drawing Crime Noir"
Aus dem Englischen übersetzt von Nico Vorberg

1. Auflage 2007

Alle Rechte der deutschsprachigen Ausgabe bei
Edition Michael Fischer GmBH, Igling

Herstellung und Satz:
Verlagsservice Henninger GmbH

Printed in Germany

ISBN: 978-3-939817-04-8

INHALT

EINLEITUNG

Crime Noir ist der spannendste und gefährlichste Comic-Romanstil unter den heute bestehenden. Es ist die moderne Umsetzung eines Genres, das durch Autoren wie Jim Thompson und Raymond Chandler und Filmen wie *Der Malteser Falke, The Asphalt Jungle* und *Sweet Smell of Success.* überhaupt erst bekannt wurde. Den explosionsartigen Anstieg seiner Popularität verdankt der moderne Crime Noir Blockbustern wie *Batman Begins* und Bildergeschichten wie Frank Millers *Sin City, A History of Violence* und *Road to Perdition,* die alle mit einem wahren Hollywood Starensemble auf die Leinwand gebracht wurden. Dieses Genre konzentriert sich auf die glatten, regenüberfluteten Straßen der Stadt, schemenhafte Figuren, herzlose Frauen, Männern ohne Gewissen, Helden wider Willen und die mit Schreckensschreien erfüllten Boulevards. Es ist vor allem die Verzweiflung des einfachen Menschen sowie die Einsamkeit der Heldenfigur, die das Thema bestimmen.

Ob erfahrener Künstler oder interessierter Anfänger, dieses Buches zeigt jedem, wie man die typisch dunkle, düstere Welt des Crime Noir erschaffen kann. Ihr lernt, wie ihr durch den richtigen Einsatz von Licht und Schatten die spannungsgeladene Atmosphäre aufbauen könnt. Und dann gibt es noch die finsteren, charismatischen Gestalten mit ihren Noir-typischen Accessoires, Trenchcoats und Sonnenbrillen, den Killer, der seine Stadt aufräumt, die sexy Frauen, die euch im gleichen Moment töten in dem sie euch küssen, die dunkel gekleideten Helden, und so weiter. Ihr werdet lernen, einen ordinären Comic in ein Crime Noir Szenario zu verwandeln..

Jedes Buch über die Kunst des Crime Noir wäre nicht komplett, wenn es sich nur um die Grundlagen des Zeichnens kümmern würde. Die Stimmung. Die Atmosphäre. Der Style. Das sind die essentiellen Zutaten, die den Crime Noir ausmachen. Der Style ist so dick, dass man ihn mit einem Messer schneiden kann. Die Stimmung ist so voller Zynismus, dass sich ein Lächeln vom Zähnefletschen kaum unterscheidet. Natürlich tauchen wir in alle Techniken ein, durch die wir die Charaktere, Szenen und Kompositionen so einzigartig gestalten können, aber im Gegensatz zu anderen Büchern oder Anleitungen über Kunsttechniken, tauchen wir mit dem typischen Jargon und der derben Erzählweise in der Ichform ganz in die Welt des Genres ein. Auf diesem Weg entdecken wir die Handlungen, die unsere heruntergekommenen Helden begleiten, und deren geheime Pläne, die sie hinter ihren undurchsichtigen Sonnenbrillen verstecken, sodass ihr anfangen könnt, euch eigene Geschichten für Grafikromane auszudenken. Begreift dieses Buch als eure eigene kleine Tour durch die dunklen Gassen und Seitenstraßen einer Stadt namens Angst.

1 Die Spieler

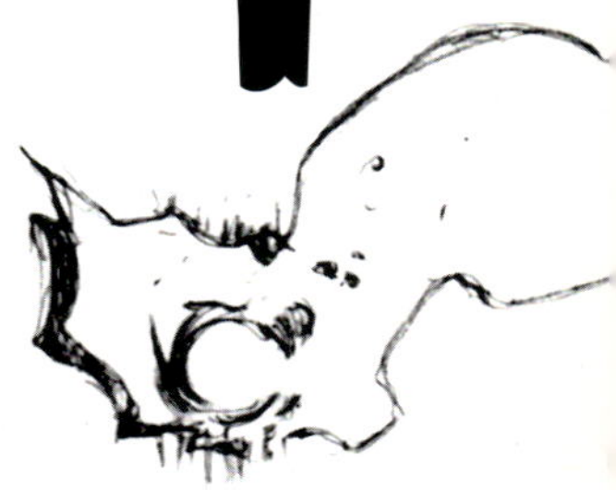

Yeah, also das bin ich. Der Kerl im Trenchcoat. Ich schätze, das macht mich zum Helden dieses Buchs, falls ihr mich so nennen wollt. Allerdings endete der letzte heiße Typ, den sie Held nannten, bei Zimmertemperatur. Passt mal auf, es gibt eine Unmenge Comic-Künstler. Nicht viele kommen in den Straßen klar, durch die ich gehe – den Straßen, die sich durch das heißeste Genre der Grafikromane und Comics ziehen.

Falls ihr den Mumm habt, Crime Noir zu zeichnen, nehmt einen Stift und ich zeig euch wie's geht. Aber bleibt mir immer dicht auf den Fersen. Es gibt Millionen Wege, in dieser Stadt verloren zu gehen. Deshalb wollte ich mit den Grundlagen anfangen. Meine Bitte stieß zuerst auf Widerstand, aber ich kann, sagen wir mal, sehr überzeugend sein. Ich hab dem Autor meinen Standpunkt mit Nachdruck klargemacht. Er ließ sich überzeugen.

WIE MAN DEN MÄNNLICHEN KOPF ZEICHNET

Zuerst müssen wir ein hartes Gesicht zeichnen, das wie gemeißelt aussieht. Eines, das schon viel zuviel gesehen hat, das nicht vergessen kann. Markante Wangenknochen, tief liegende Augen, schmaler Mund und kantiges Kinn lassen ihn dramatisch aussehen.

ANSICHT VON VORN

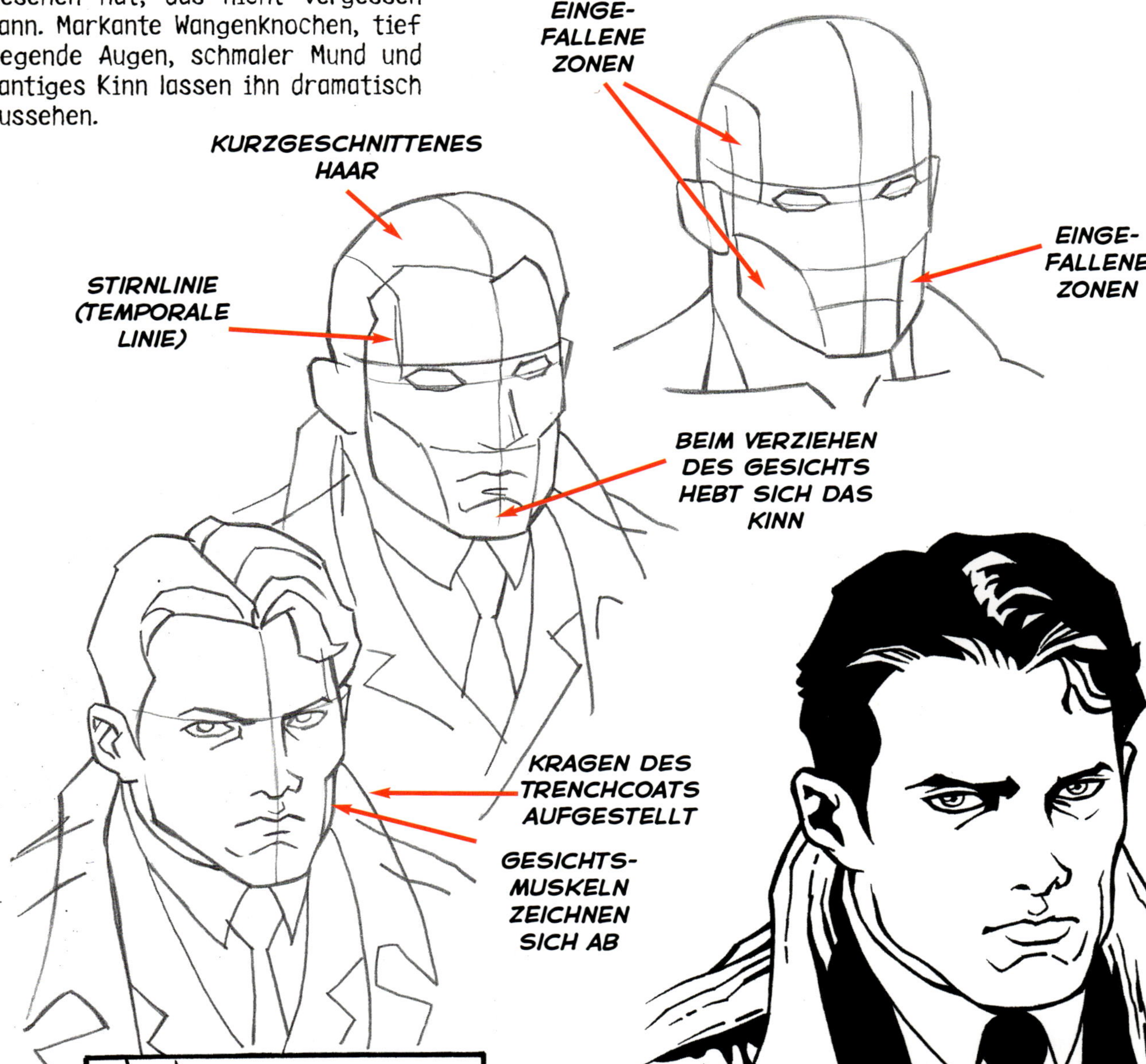

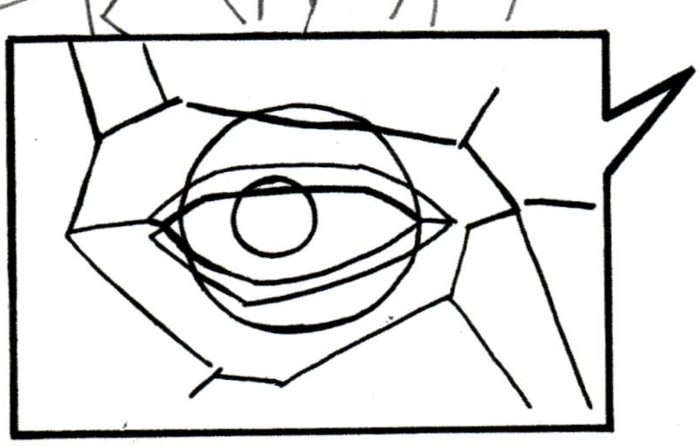

DIE AUGENHÖHLEN LIEGEN TIEF IM SCHÄDEL.

DER MÄNNLICHE KOPF IM PROFIL

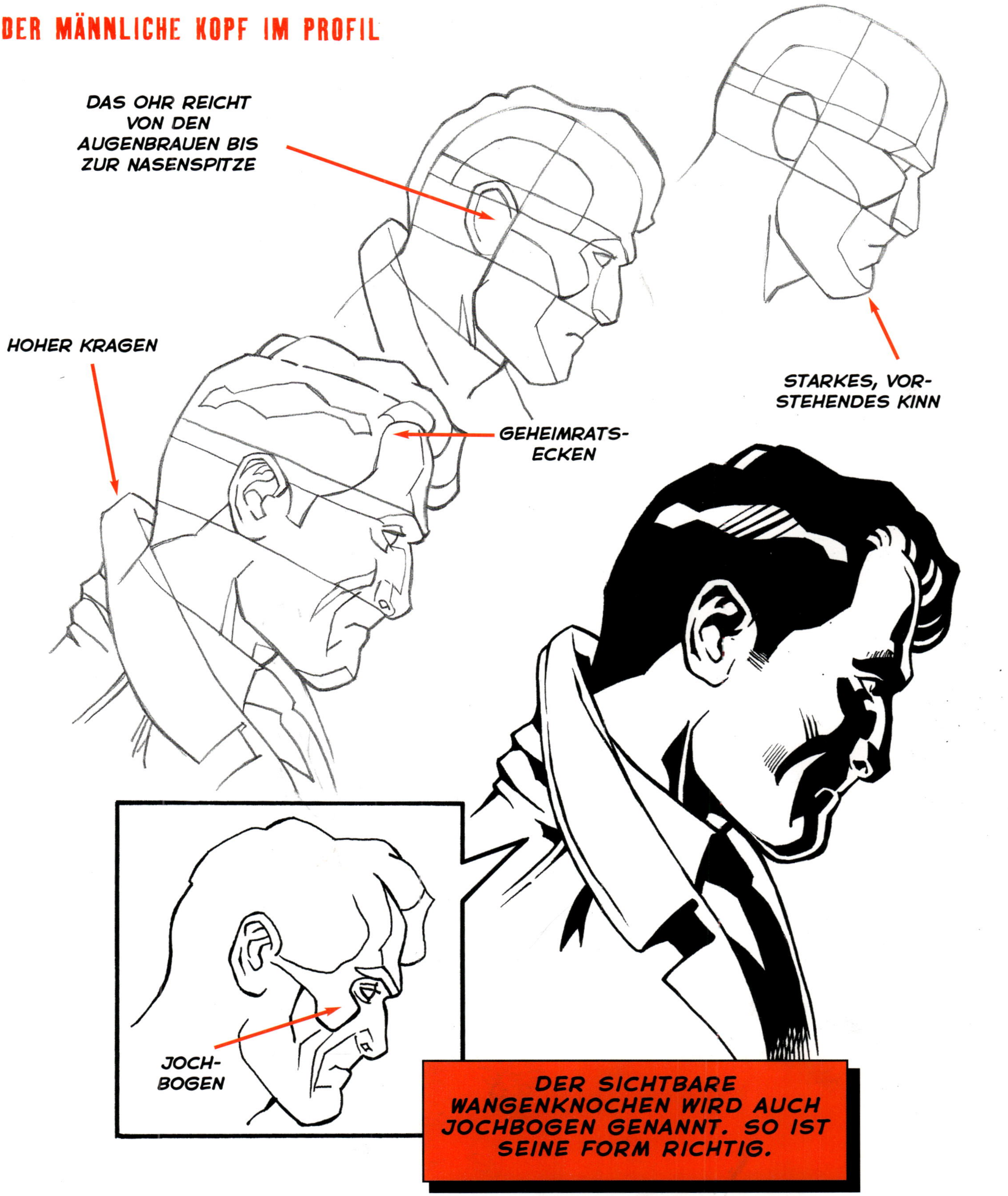

DURCHDRINGENDE AUGEN

Schaut euch diese Augen an. Was seht ihr? Kleine, schwarze Ringe mit Lichtflecken an den Seiten. Der obere Teil der Augäpfel ist von schweren Augenlidern bedeckt, die dem Blick eine milde Melancholie verleihen, während die schräg nach unten gerichteten Augenbrauen einen eher aggressiven Akzent setzen. Der Blick wirkt gehetzt. Trostlos. Ein Mann mit solchen Augen wird von unsichtbaren Dämonen heimgesucht. Irgendwo tief in seinem abgestumpften Herzen ist ein unheilbarer Schmerz.

DAS AUGENLID VERDECKT DEN OBEREN TEIL DES AUGES.

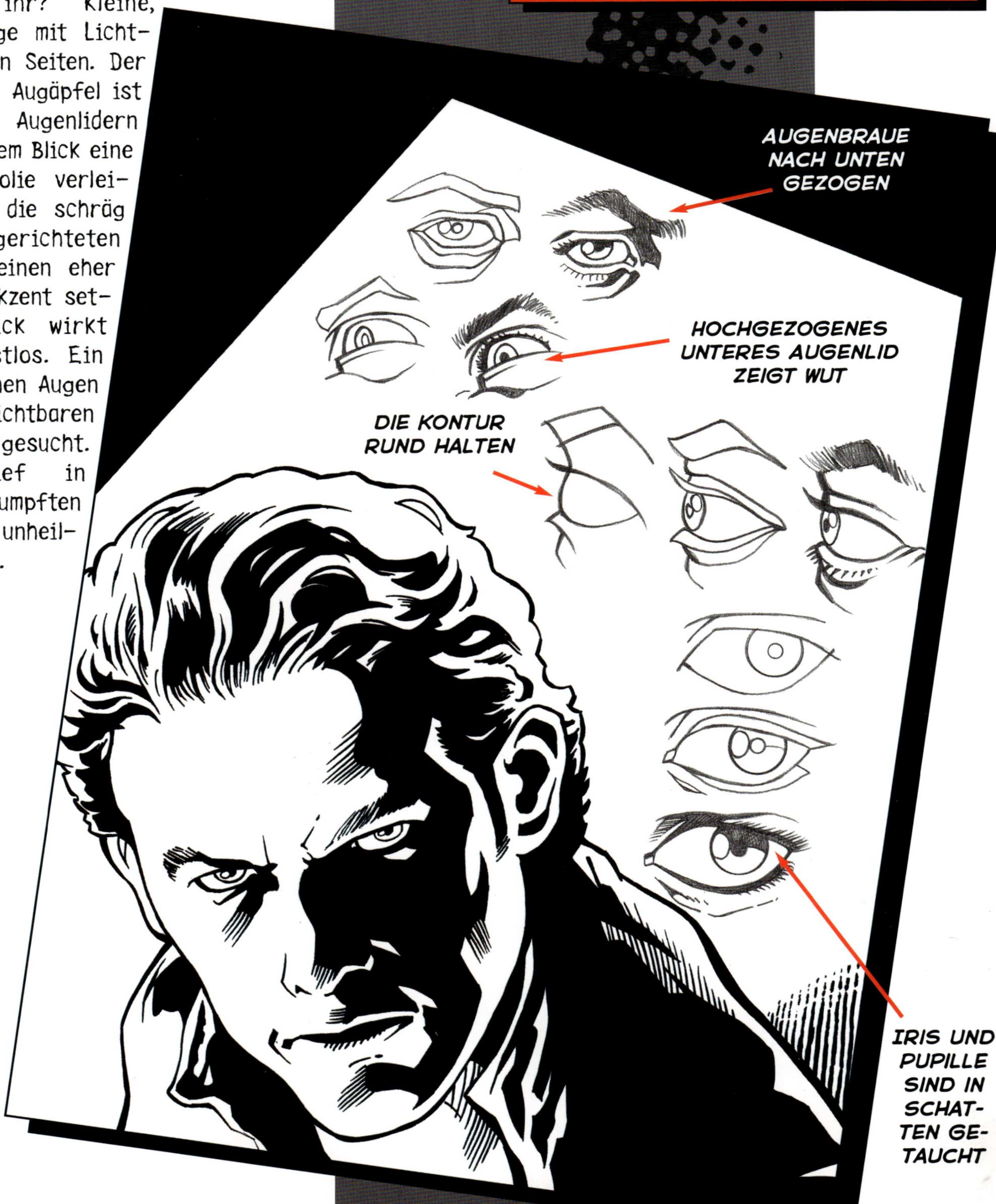

DIE MÄNNLICHE CHARAKTERNASE

Ich sage immer, dass die Nase am schwierigsten zu zeichnen ist, weil sie so viele raffinierte Winkel hat. An dieser Stelle habe ich schon viele Comic-Künstler scheitern sehen, weil sie den Job unterschätzt haben.

Vergesst nicht: Diese Schemata sollen euch den Aufbau einer Nase erklären. Eure Zeichnungen sollten naturalistischer, flüssiger und weniger geometrisch sein. Sobald eure Zeichnungen jedoch anfangen seltsam auszusehen, schlagt das Buch noch mal auf und schaut euch diese Grafiken an. Indem ihr euch erneut die Grundstruktur der Nase ins Gedächtnis ruft, könnt ihr leichter herausfinden, wo ihr vom Kurs abgekommen seid.

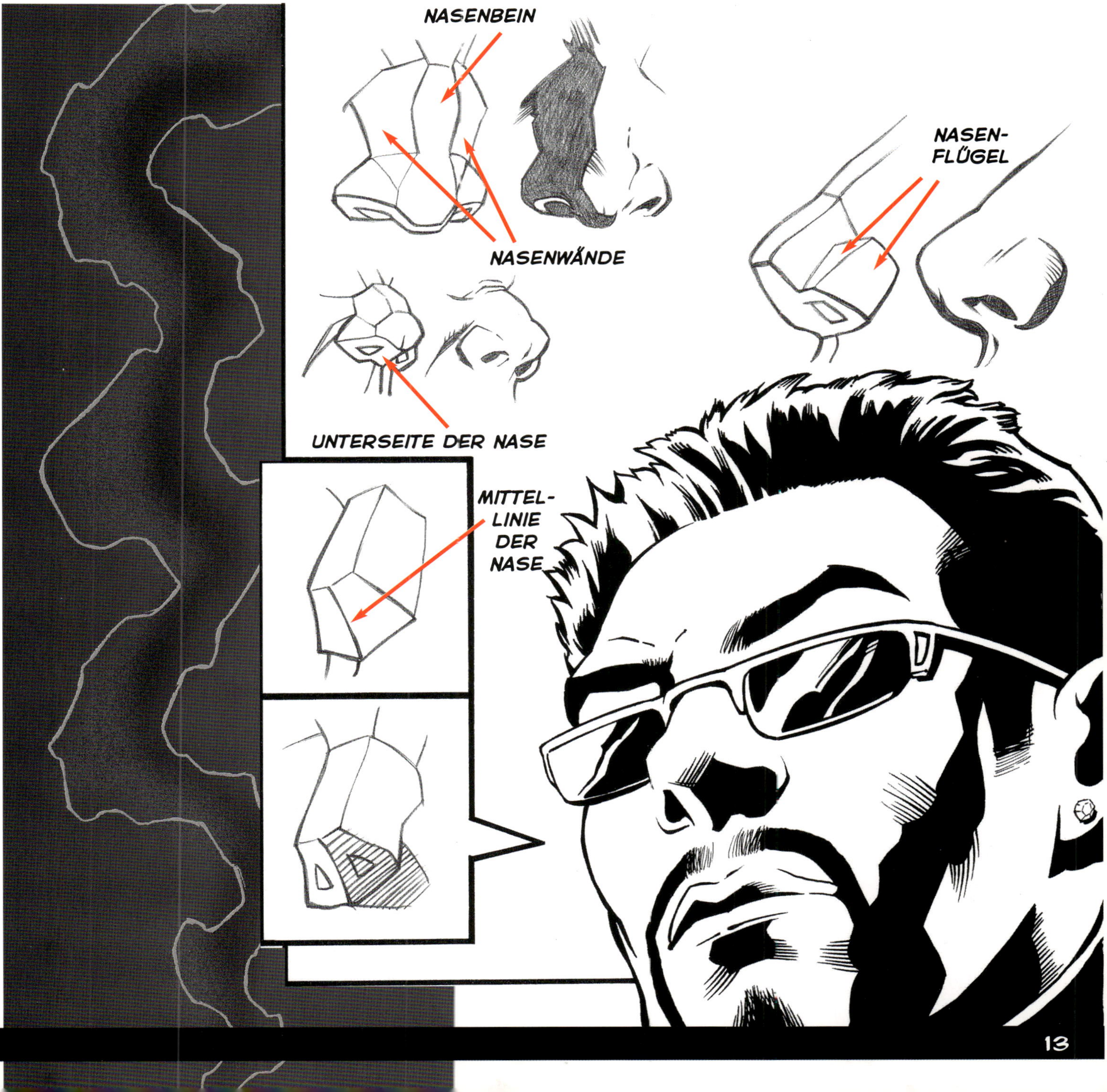

AUSDRUCKSSTARKE MÜNDER

Schreckliche Schreie, die das Blut gerinnen lassen, Zähnefletschen, spöttisches Lächeln und düsteres Grinsen. Für euch ist das der Stoff, aus dem die Albträume sind. Für mich schnöder Alltag. Wenn ihr in einer Liga mit den großen Jungs spielen wollt, müsst ihr lernen, genau so zu zeichnen. Rohe Emotionen. Bittere Ironie. Zieht euch die Kniffe auf dieser Seite rein. Ihr werdet sie brauchen, wenn wir uns auf gefährlicheres Terrain begeben.

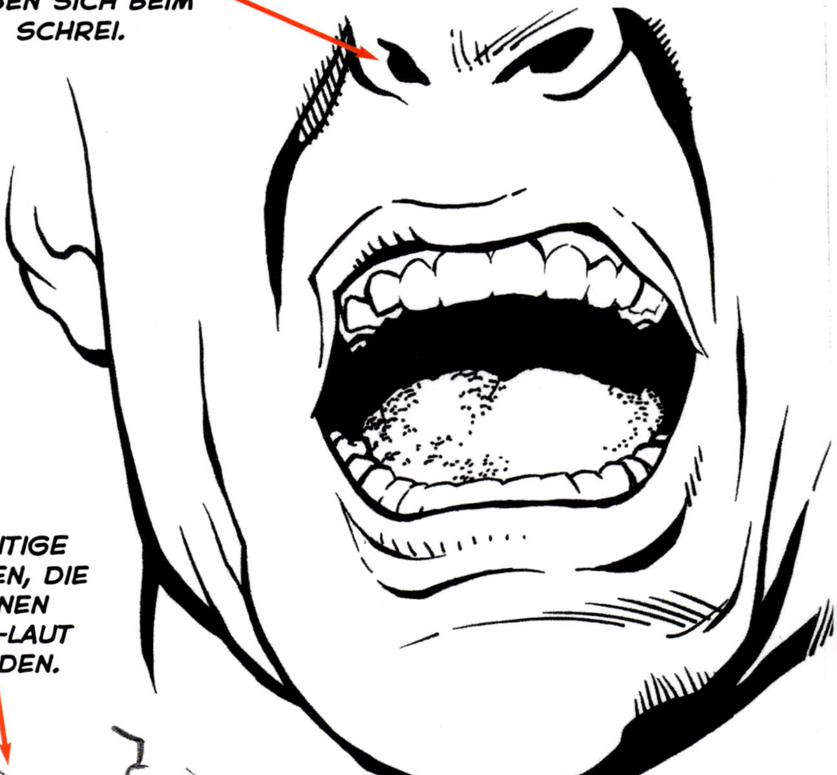

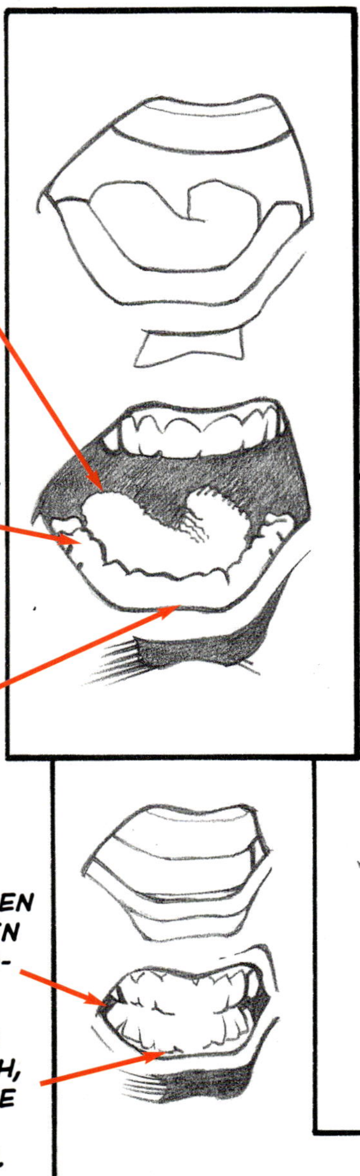

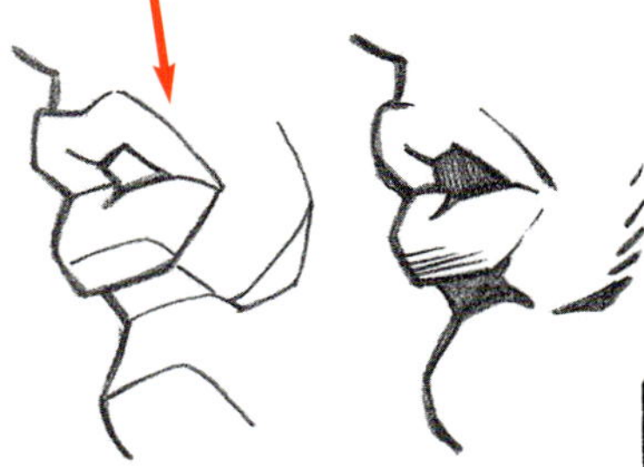

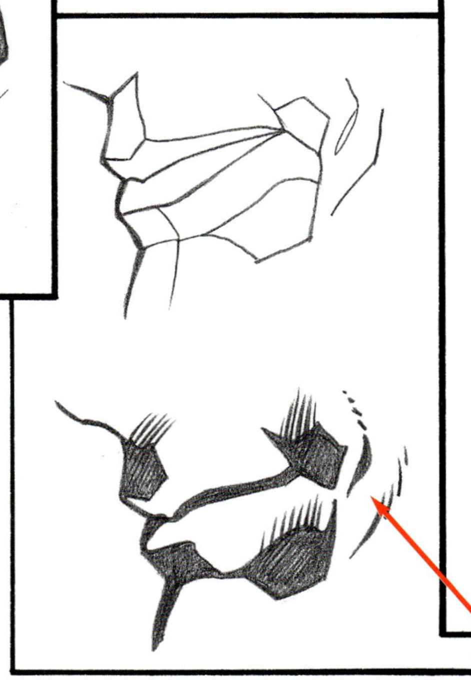

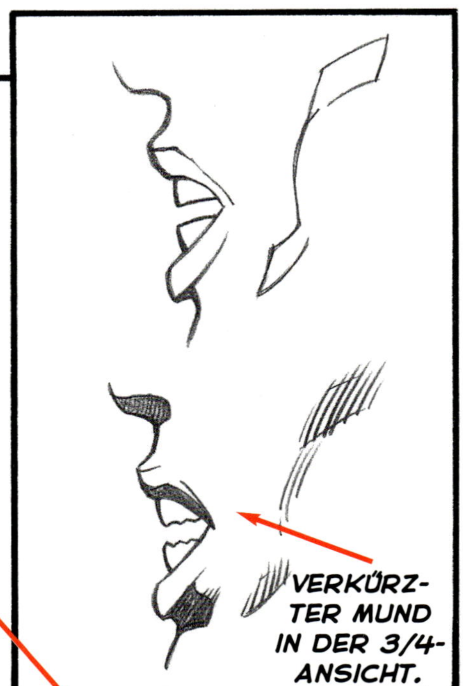

WIE MAN DEN WEIBLICHEN KOPF ZEICHNET

Beim Crime Noir geht es nicht nur um Schatten oder Gefahr. Es geht auch um die Attitüde. Attitüde, die nicht nur durch den Ausdruck entsteht, den ihr zeichnet, sondern auch durch die Art, wie ihr den Charakter präsentiert. Die wunderschöne Frau in fertigen Tuschezeichnung sieht uns an, wie ein Raubtier seine Beute. Was außer ihrem Ausdruck verleiht ihr noch dieses dunkle Charisma? Zwei Dinge: Ihr Kopf steht in einem Winkel, in dem sie auf uns hinabblickt, und er ist zur Seite geneigt. So hat sie eindeutig das Ruder in der Hand; sie kann uns taxieren, hat sich unter Kontrolle. Sie hat einen Plan. Und es wird nicht rosig enden, zumindest nicht für ihre Opfer.

ANSICHT VON VORN (3/4-WINKEL)

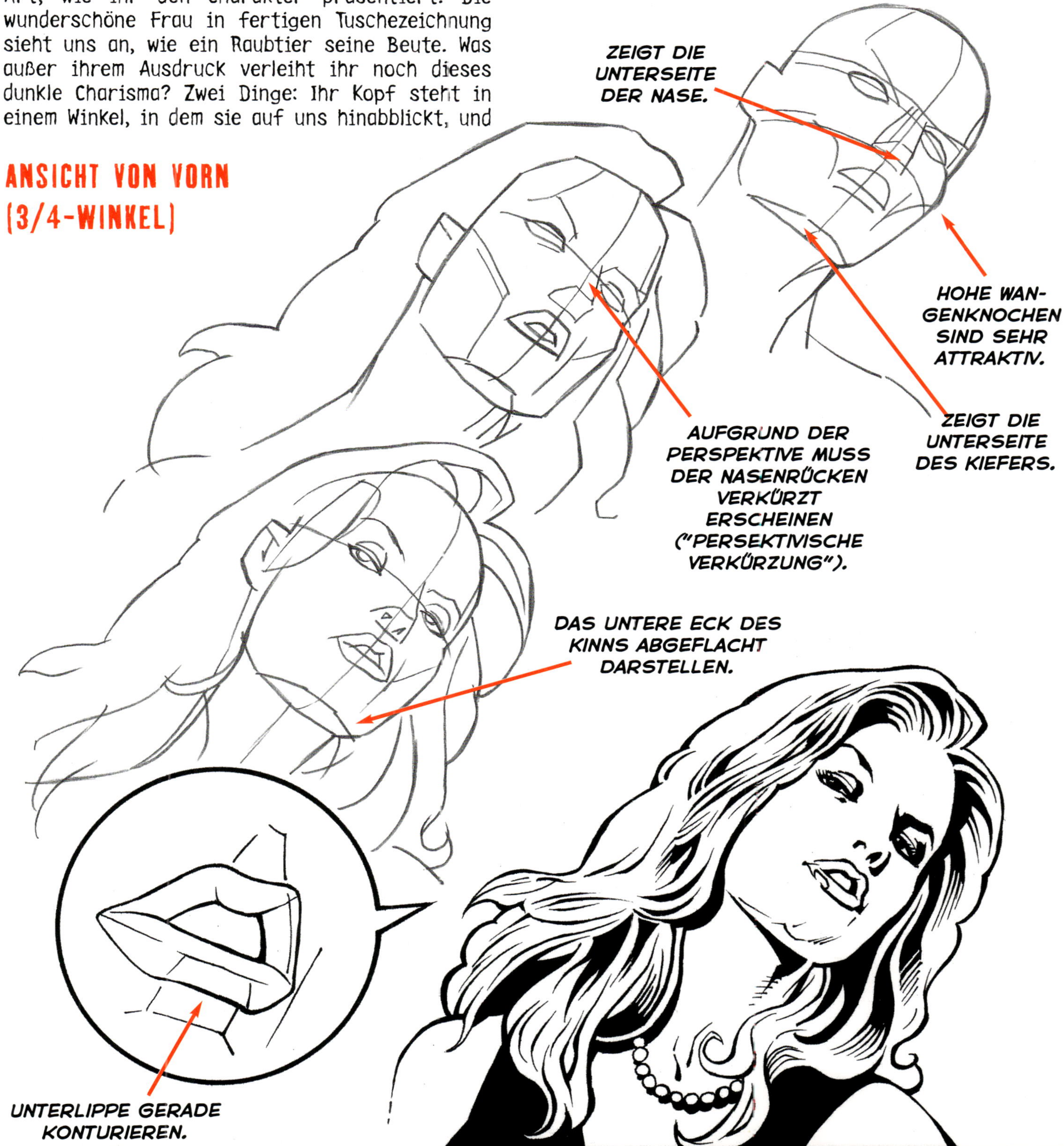

DER WEIBLICHE KOPF IM PROFIL

Genau genommen sollte das Profil immer nur ein Auge zeigen, weil es eine reine Seitenansicht ist. Manchmal schummeln wir aber ein bisschen. Es ist immer von Vorteil, ein kleines Stück des abgewandten Auges oder Brillenglases – wie in dem Beispiel hier – zu zeigen, damit das Gesicht nicht so flach, sondern runder wirkt. Denkt daran, dass Brillen so tief getragen werden, dass sie die Augenbrauen nicht verdecken.

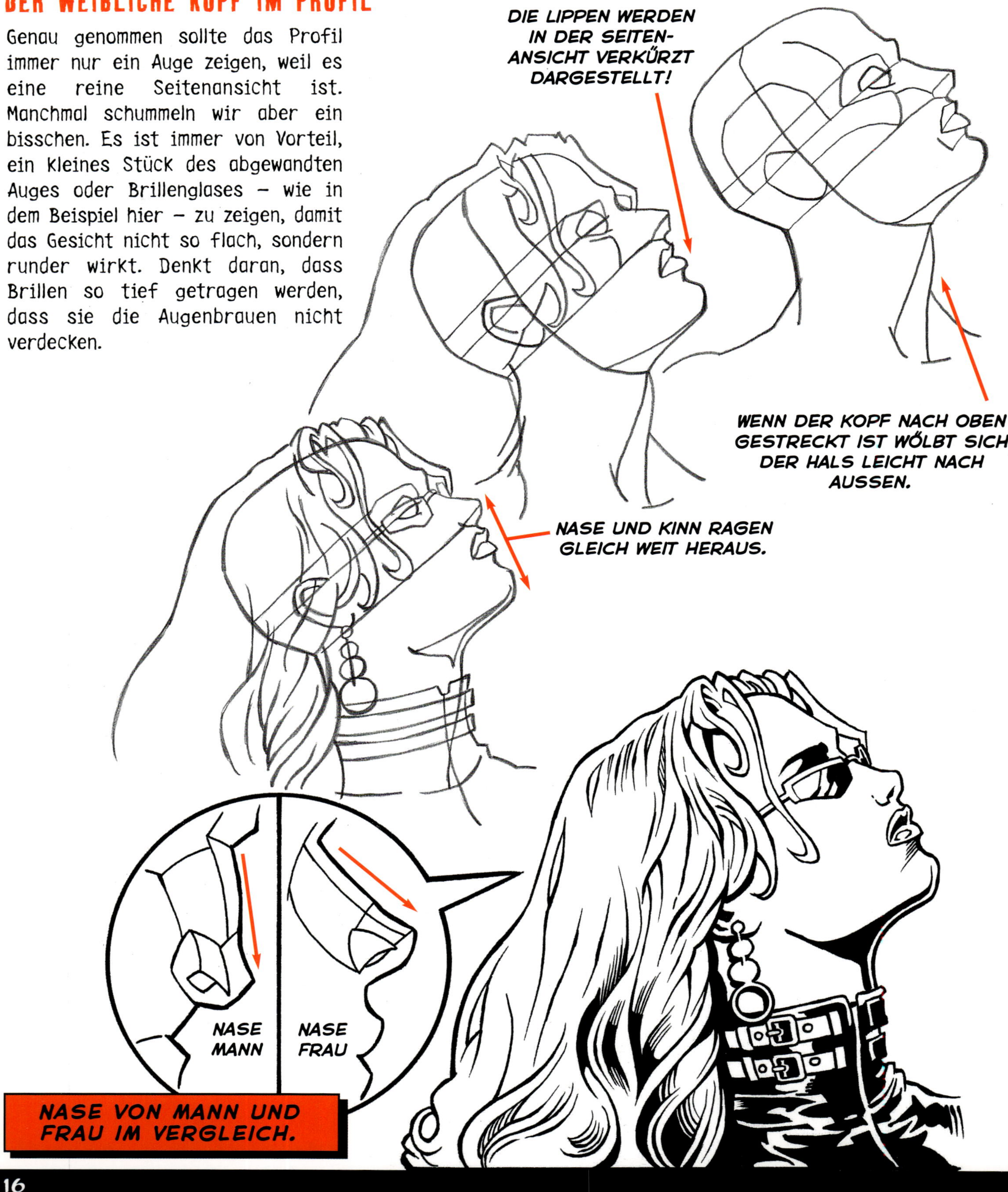

TRÜGERISCHE AUGEN

Wir könnten ihr bis in alle Ewigkeit in die Augen sehen. Bildschöne, brennende Augen mit Schlafzimmerblick. Augen, die schon viel Schlimmes gesehen haben, sich aber für den richtigen Moment aufhellen, für die ein Mann seine Deckung aufgibt, bis er mit dem Gesicht nach unten im East River treibt.

Trügerische Augen zu zeichnen erfordert dreierlei: Pupillen, die bis zur Hälfte unter den oberen Augenlidern versteckt sind, Wimpern, die um die Augen schwingen, und ein tiefer Schattenwurf genau unter dem Augenlid, der die obere Hälfte von Iris und Pupille in Schwärze taucht.

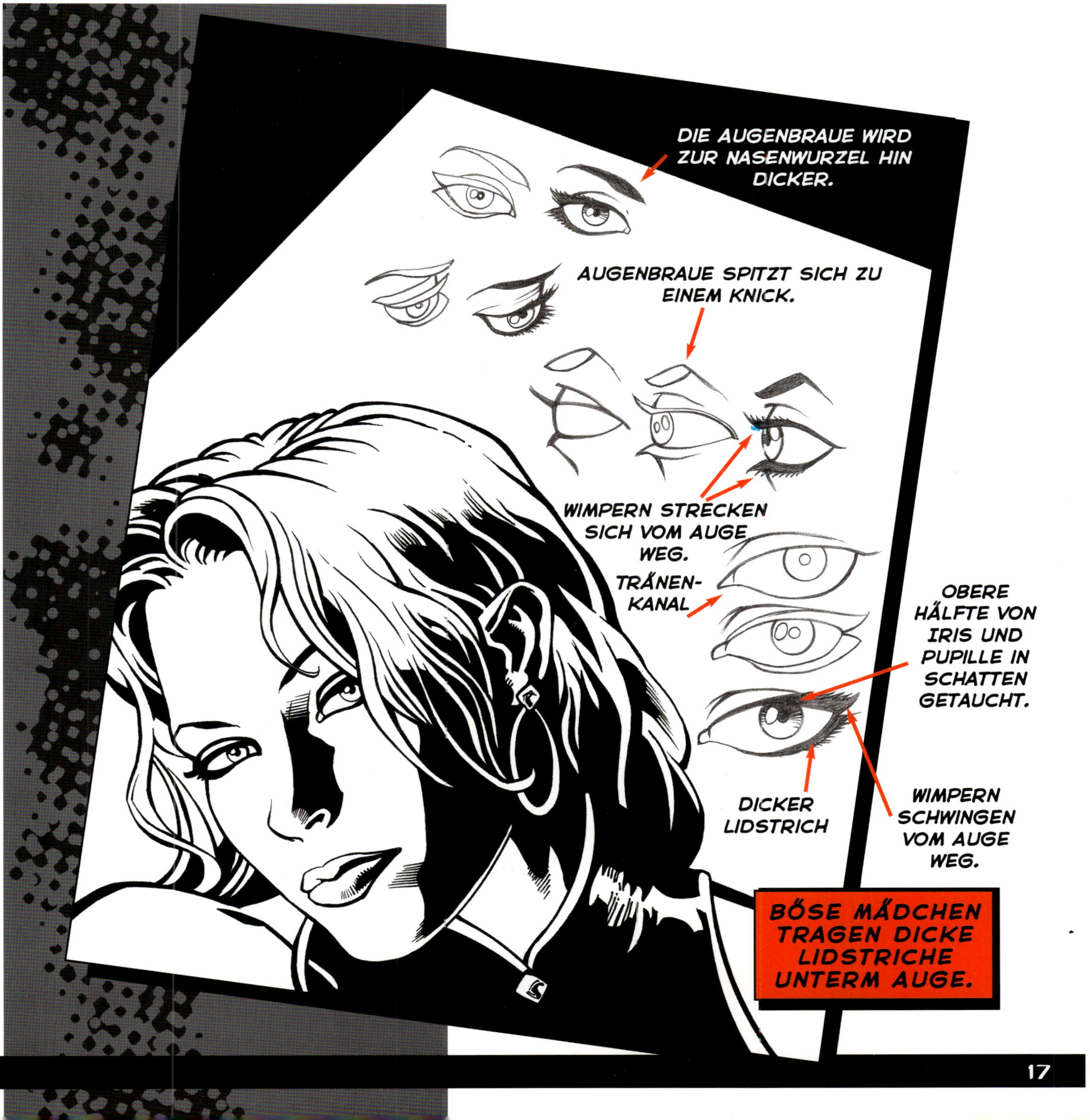

DIE WEIBLICHE NASE

Ihr braucht etwas Feingefühl, um die weibliche Nase zu zeichnen. Was ihr weglasst ist genauso wichtig wie das, was ihr hinzufügt. Einige Künstler lassen den Nasenrücken komplett weg, andere die Nasenflügel und zeigen nur die Nasenlöcher. Es gibt so viele Wege die Nase zu zeichnen, und genau das nennen die Künstler ihren eigenen "Stil". Ich bin nicht einer dieser Jungs, die nur die Grundtechniken lehren. Wenn ihr nur das wollt, dann besucht eine Kunstakademie, die zeigen euch auch, wie man eine Obstschüssel malt.

Das wichtigste, was ihr über das Zeichnen der Nase wissen müsst, ist, dass sie ein dreidimensionales Objekt ist, das auf dem Gesicht sitzt. Sie hat ihre eigenen Seiten und Flächen.

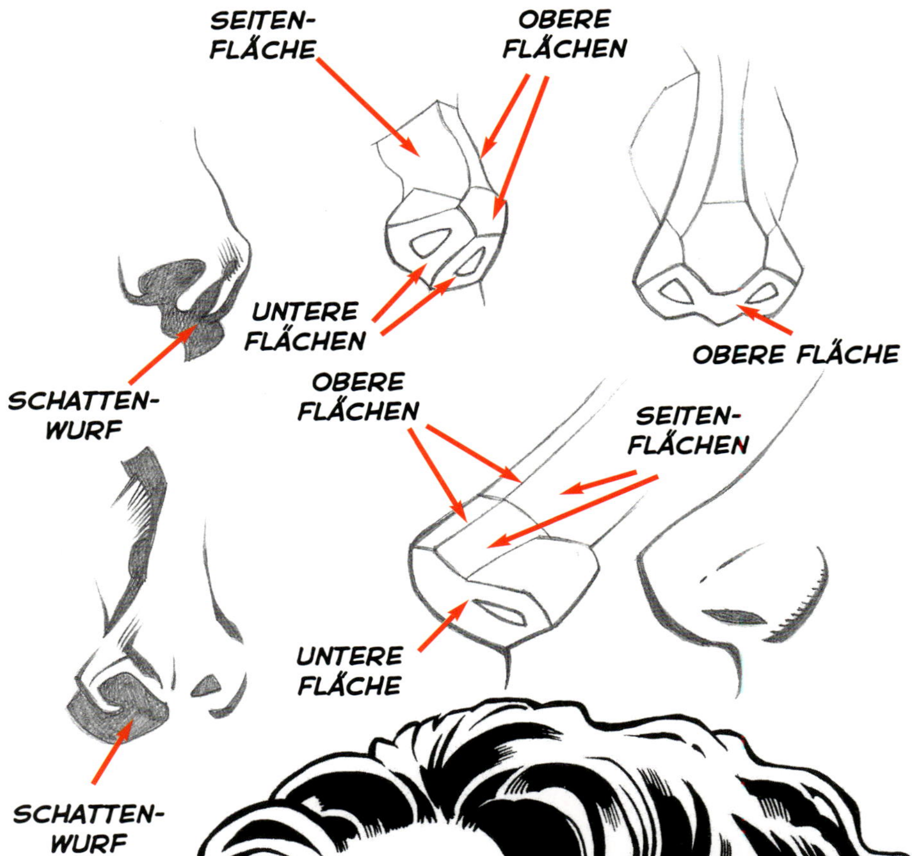

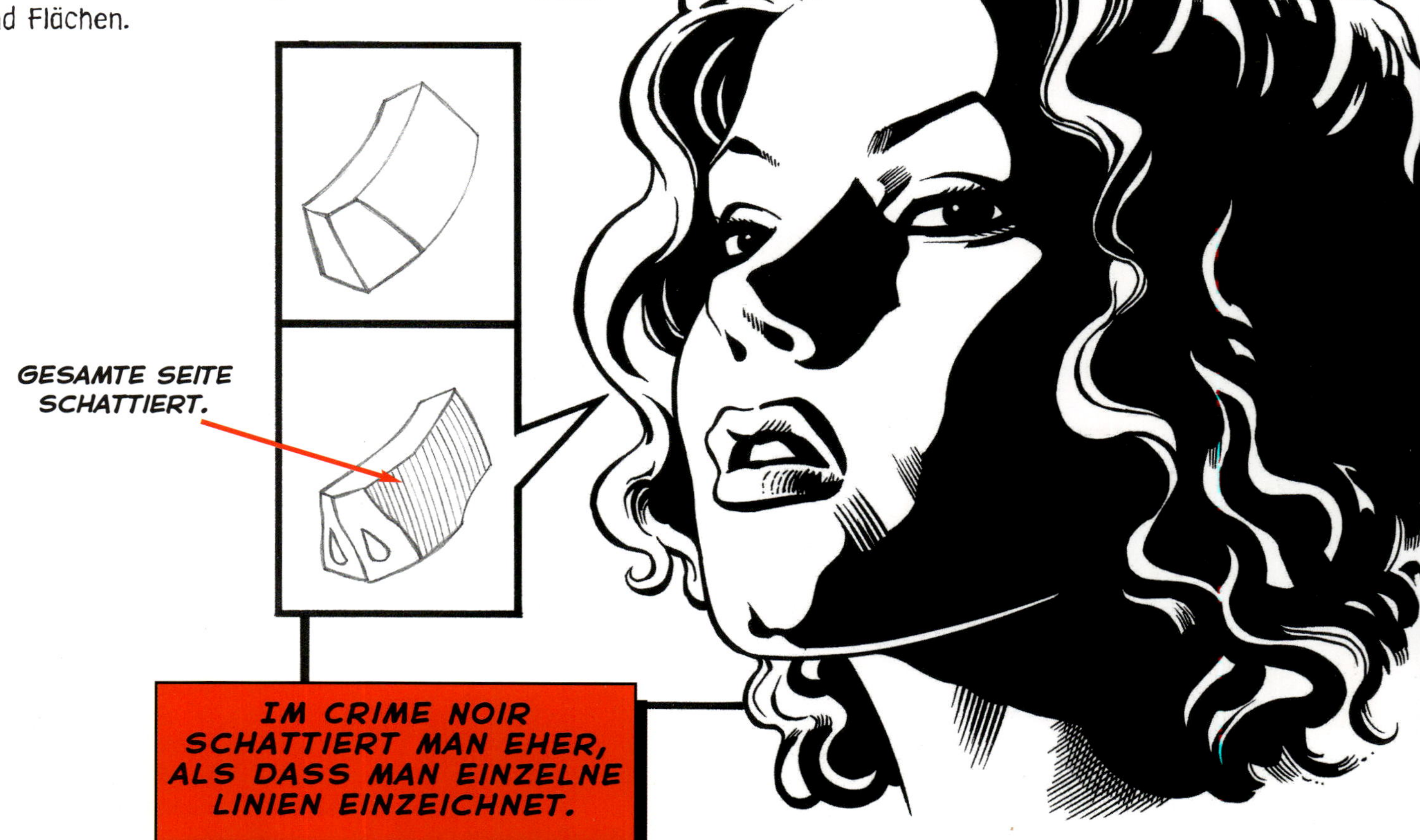

KÜSS MICH BEVOR DU STIRBST – WEIBLICHE LIPPEN ZEICHNEN

Seit gut zwei Dekaden ist es bei Frauen trendy, vor allem auf der West Side von LA, sich die Oberlippe aufspritzen zu lassen. Die obere Lippe wird unnatürlich größer als die untere. Dieser künstliche Look ist nicht Teil der pragmatischen, fiesen und nüchternen Welt des Crime Noir. Crime Noir ist die moderne Wiedergeburt des hartgesottenen Detektivgenres aus den 1950er Jahren, als die Protagonistin satte Lippen hatte und die Unterlippe vor Feuchtigkeit glitzerte. Das war damals verdammt sexy – und ist es auch heute noch.

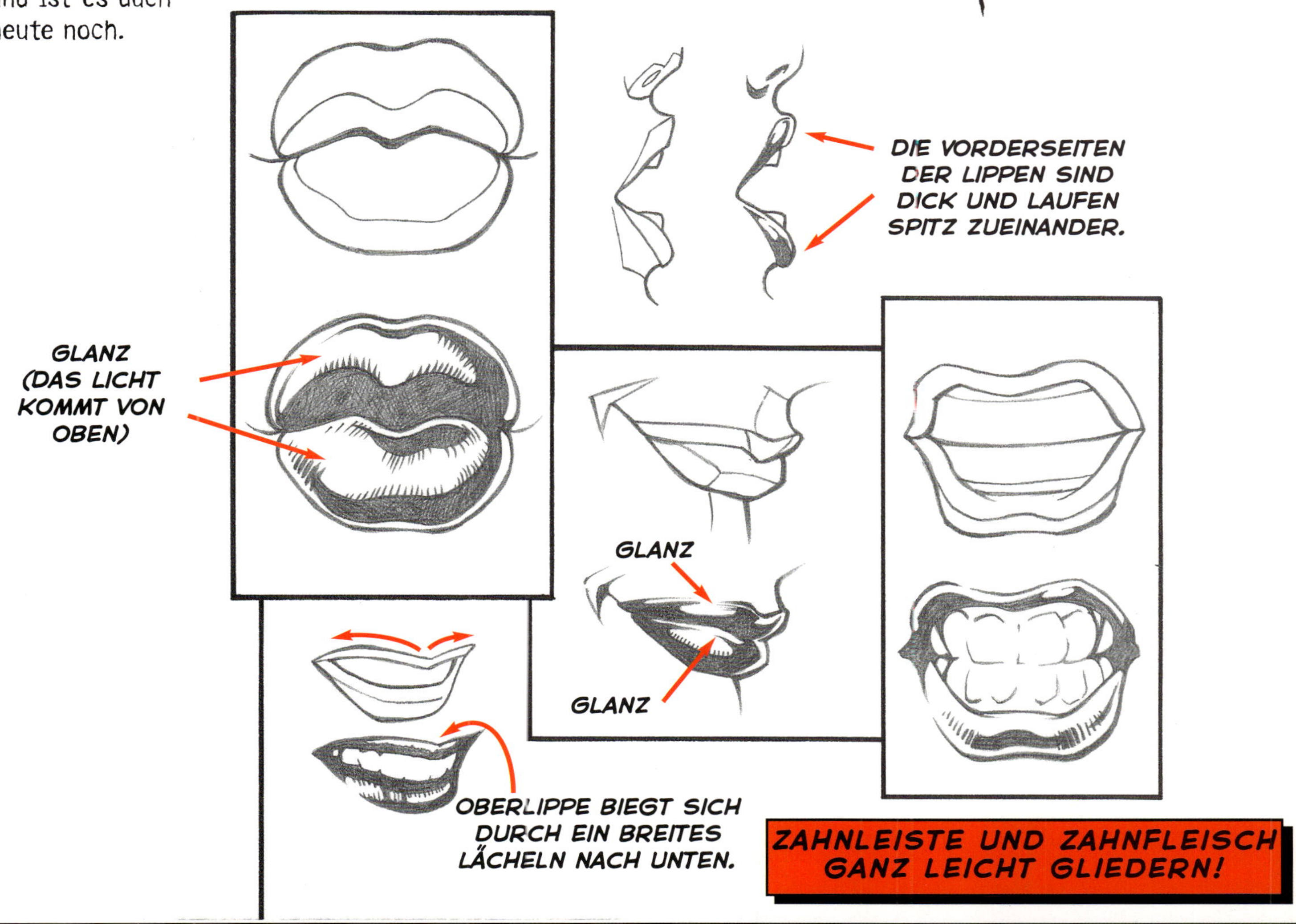

Sonnenbrillen – so cool, dass es weh tut

Versteckt euch hinter einer Sonnenbrille und keiner ahnt, wo ihr hinseht oder an was ihr denkt. Auf den harten Stadtstraßen begegnet euch das oft. Abgehärtete Charaktere tragen sie sogar in der Dunkelheit. Die Leute zittern vor einem Typen mit Knarre, Trenchcoat und Sonnenbrille. Stellt euch vor, so einer tritt aus dem Schatten, ruft euren Namen, er sagt, ihr schuldet seinem Boss noch Kohle, er weiß, dass ihr das Geld nicht habt und es gibt nur einen, der diese Gasse lebend verlassen wird.

Sonnenbrillen sind wie jede Art von Mode Geschmackssache. Sogar Auftragskiller wollen Eindruck schinden. Natürlich müssen sie das nur einmal tun. Es gibt Sonnenbrillen im Retrolook, futuristische und einige lassen euch sogar wie einen Cop aussehen. Achtet nur bitte darauf, dass ihr nicht wie Tennisprofis ausseht.

Die Ausführung für den Mann

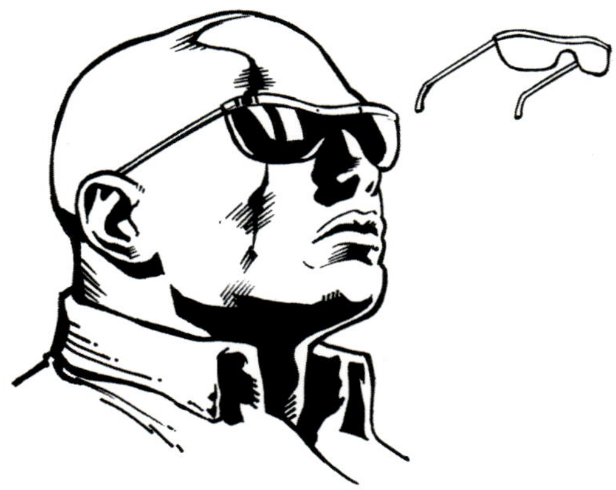

Die Ausführung für die Frau

FIGUREN: TRADITIONELL VERSUS CRIME NOIR

Bevor wir die GanzKörperposen in Angriff nehmen, werfen wir ein Auge auf einige Vergleiche. Wodurch unterscheidet sich eine Crime-Noir-Figur von der normalen Lieschen- oder Hans-Müller-Figur? Es liegt nicht an den Muskeln oder an den Proportionen, sondern am Ansatz. Es ist der "Style", ein Stil, der durch Schatten, Einstellung oder Attitüde, Körperhaltung und die Requisiten transportiert wird.

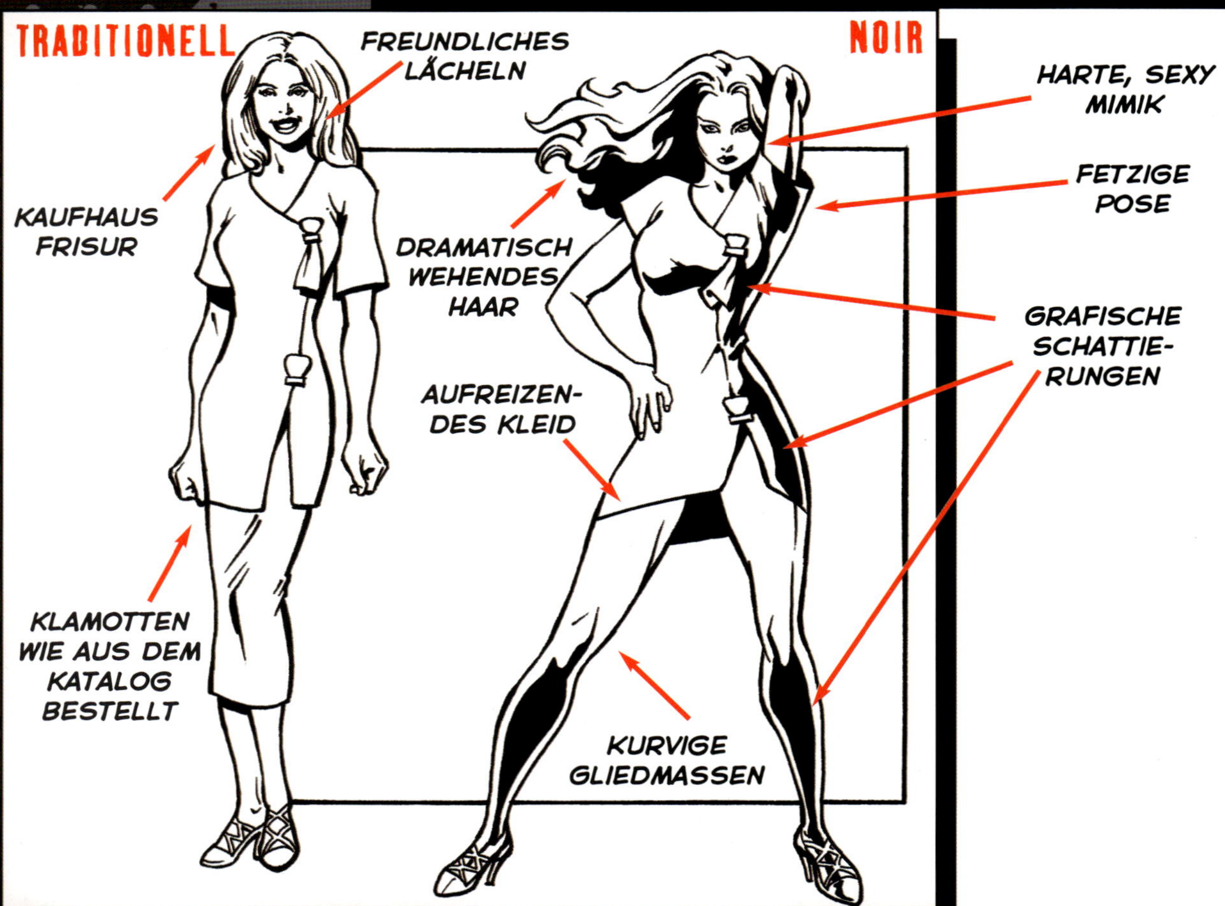

TRADITIONELL
NOIR
ABFALLENDE SCHULTERN
HALTUNG ZEIGT MANGEL AN ENTSCHLUSSKRAFT.
NACH UNTEN GENEIGTER KOPF WIRKT SKRUPELLOS.
HOHE SCHULTERN WIRKEN ZIELBEWUSST
GESTALT TIEF IN SCHATTEN GETAUCHT.
REQUISITE: AKTENKOFFER AN HANDGELENK GEFESSELT
REQUISITE: KANONE
SCHWACHE BEINHALTUNG
FUSS IN WATSCHEL-STELLUNG
STELLUNG DER BEINE ZEIGT, DASS ER IN BEWEGUNG IST.

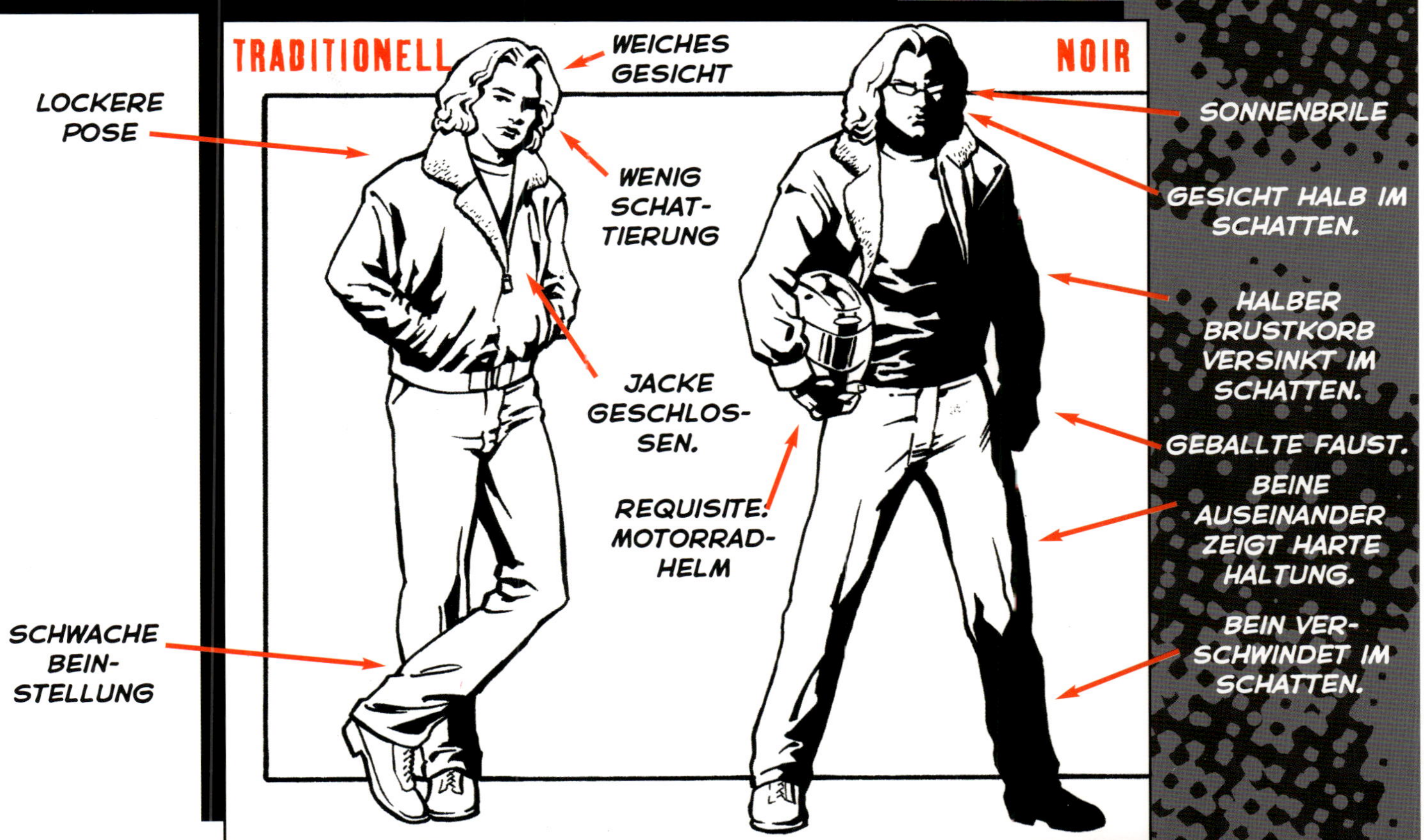

TRADITIONELL
NOIR
WEICHES GESICHT
LOCKERE POSE
WENIG SCHATTIERUNG
SONNENBRILE
GESICHT HALB IM SCHATTEN.
HALBER BRUSTKORB VERSINKT IM SCHATTEN.
JACKE GESCHLOSSEN.
GEBALLTE FAUST.
REQUISITE: MOTORRADHELM
BEINE AUSEINANDER ZEIGT HARTE HALTUNG.
SCHWACHE BEINSTELLUNG
BEIN VERSCHWINDET IM SCHATTEN.

DIE FIGUREN SCHRITT FÜR SCHRITT

Unabhängig vom gewählten Comic-Stil müsst ihr die Figuren gut zeichnen können. Skizziert die Figuren nicht mit kurzen, abgehackten Bleistiftstrichen, sondern arbeitet mit langen, sicheren Strichen. Ist euch ein Fehler passiert: kein Problem. Viele Profis machen sich nicht mal die Mühe, ihre Fehler auszuradieren, sie übermalen sie einfach. Anfänger versuchen immer gleich, alles perfekt zu machen, als würde es Punkte für jeden gelungenen Strich geben. Hey, schaltet einfach einen Gang zurück. Ich bin nicht dafür bekannt, es den Leuten leichtzumachen, aber hier sag ich es klar: Eine grobe Skizze ist nicht zum perfekten Zeichnen da. Hier zählt der mutige Strich, hier wird experimentiert. Sobald ihr fertig seid, setzt ihr alles so zusammen, dass man die einzelnen Bauteile nicht sieht. Kleidet dann den Charakter ein, fügt ein gewisses Flair hinzu und so den letzten Schliff.

TYP IM TRENCHCOAT: VORDERANSICHT

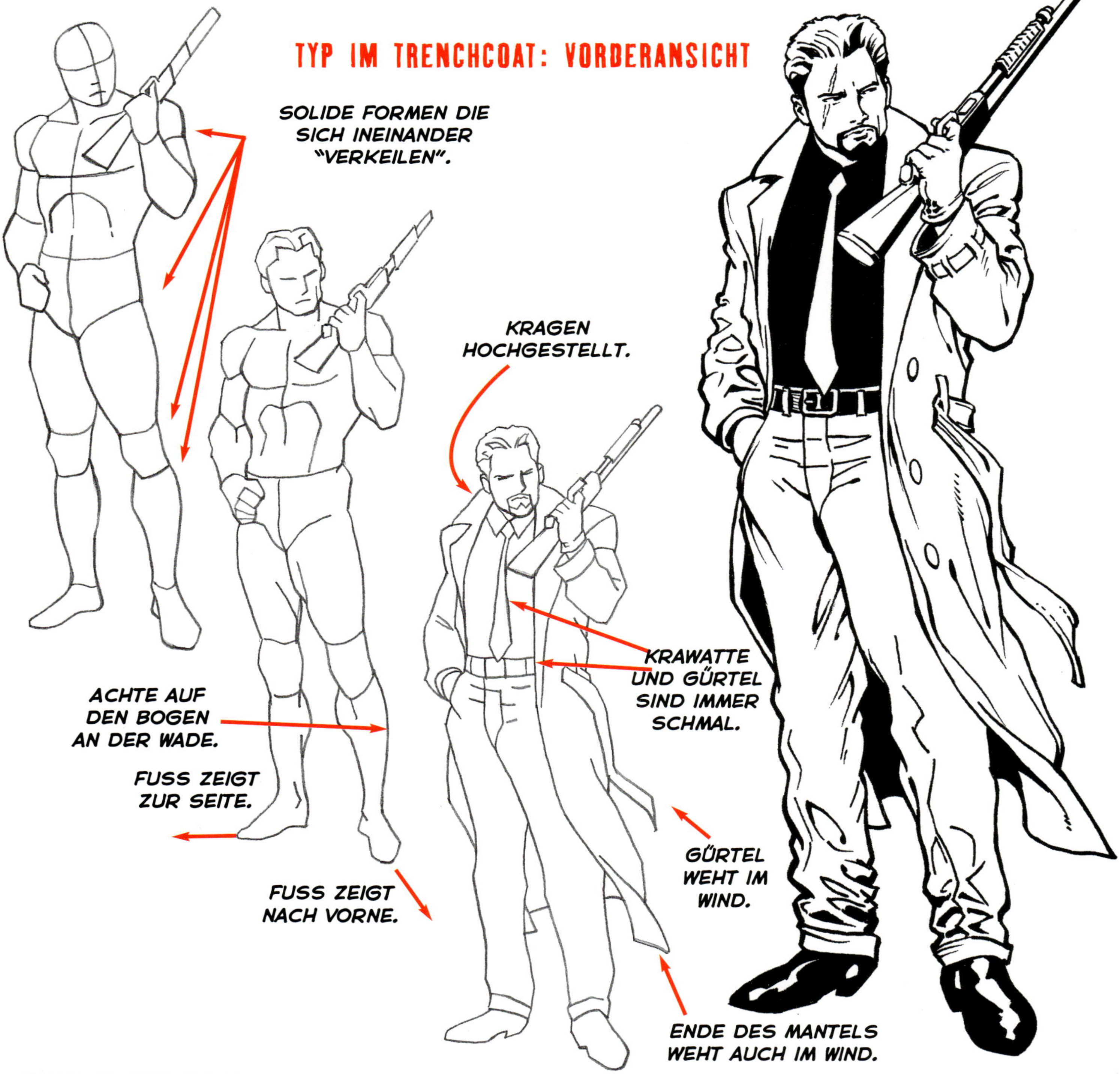

TYP IM TRENCHCOAT: SEITENANSICHT

WEIBLICHER KILLER: VORDERANSICHT

Ich versteh nicht, was mit den Frauen heutzutage los ist, aber die Ladys, die als Auftragskiller arbeiten, haben den besten Modegeschmack. Scheinbar besuchen die Schönheiten immer erst den Beautysalon, bevor sie töten. Der sexuell provokante Killer ist ein etablierter Charaktertyp, der immer wieder neu erfunden und erfolgreich in jeder Art Comic verwendet wird. Hey, es gibt bestimmt schlimmere Arten, dem Tod in die Augen zu sehen.

Wie ihr euch erinnert, haben wir über die Wichtigkeit, die in der Attitüde der Posen liegt, gesprochen: Sie kann den Job nicht erledigen – nein, sie bekommt ihn nicht einmal, wenn sie nicht selbstbewusst wirkt. Ihr kennt diesen Look. Der Look, der euch sagt: Freunde, eure Stunden sind gezählt.

BREITE SCHULTERN ZEIGEN MACHT. SCHMALE SCHULTERN SIND SEXY.

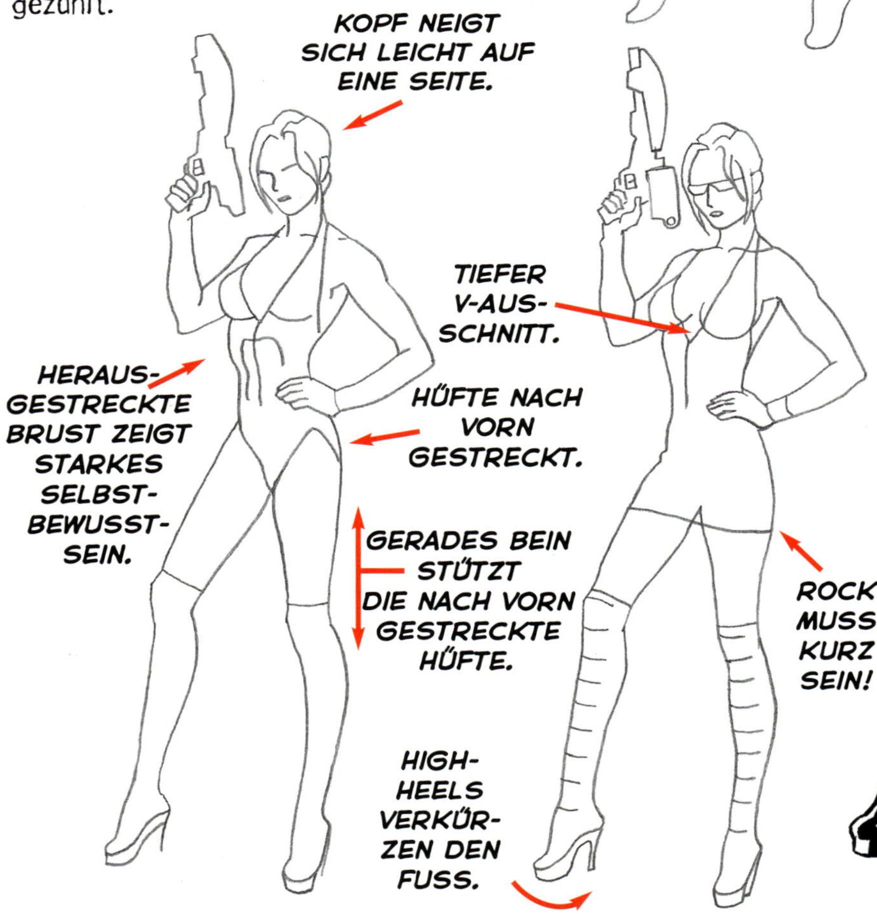

WEIBLICHER KILLER: SEITENANSICHT

Selten setze ich harte und feste Regeln, dies ist eine davon: Zeichnet niemals einen Rücken als gerade Linie. Das gilt ganz besonders für Frauenrücken. Wenn ihr jemals Gelegenheit hattet ein menschliches Skelett zu betrachten, werdet ihr erkannt haben, dass die Wirbelsäule signifikant gekrümmt ist. Selbst wenn euer Charakter völlig aufrecht steht, ist die Wirbelsäule immer noch sehr gebogen.

Je durchgebogener der Rücken, desto sinnlicher ist die Pose. Bei weiblichen Figuren beginnt man an der schmalsten Stelle des Rückens, um die Krümmung der Wirbelsäule zu übertreiben. Fangt an, indem ihr die Hüften nach vorne drückt. So bringt ihr den gesamten Körper in eine verführerische Haltung.

ENGE KLEIDUNG WIE DIESER BODY VERLANGT NACH SPEZIELLEN GLANZSTELLEN. DIE LEUCHTENDEN LINIEN VERLAUFEN VERTIKAL AUF DEM GESAMTEN STOFF. SIE ERZEUGEN EINEN GLATTEN, GEKONNTEN LOOK.

Im Crime Noir rennt euer Charakter normalerweise nicht in einem Spandex-Kostüm herum. Er trägt zumeist einen Trenchcoat. Warum? Weil er das heiß findet. Darum! Natürlich wäre es auch total lächerlich, wenn er auf einer Party mit einem Cape, Schwert und Schild auftauchen würde. Außer es wäre zum Karneval in Köln. Er trägt also zivile Kleidung, die jedoch niemals so aussieht, als käme sie aus einem Geschäft, in dem Kinder namens Nina oder Oliver mit i-pods in der Tasche ihre coolen Markenjeans einkaufen.

Richtige Kleidung verknittert und wirft Falten, wenn man Arme und Beine bewegt. Sie beult sich aus und verdreht sich, wenn man die Taille bewegt und sie bauscht die Schultern auf, wenn man den Arm hochreißt. Schaut es euch an.

DIE ÄRMELFALTEN

Sucht nach vereinfachten Mustern in den Falten. Sie werden vom Druck auf den Stoff, also von der Stärke des Zusammendrückens bestimmt, wie bei einem Akkordeon. Falten sind kleine "Fächer", die sich innerhalb des Ärmels formen und in denen sich die Schatten bilden. Diese Falten oder "Fächer" schließen sich nicht immer ganz. Sie bleiben im Gegenteil und viel häufiger offen, und bilden weder geschlossene Kreise, noch Ringe, noch Ovale.

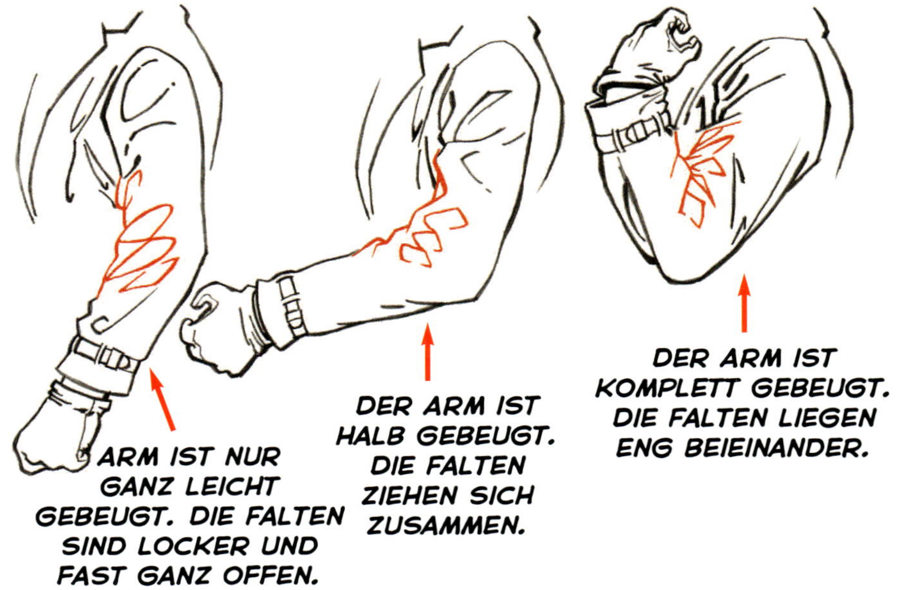

DAS ENDBILD BIETET SICH AN, WAHLLOSE FALTENMUSTER ANZULEGEN. SPIELT MIT IHNEN, FALTET SIE AUF, BRINGT NEUE HINZU, DAMIT IHR EINEN ZUFALLS-LOOK ERHALTET.

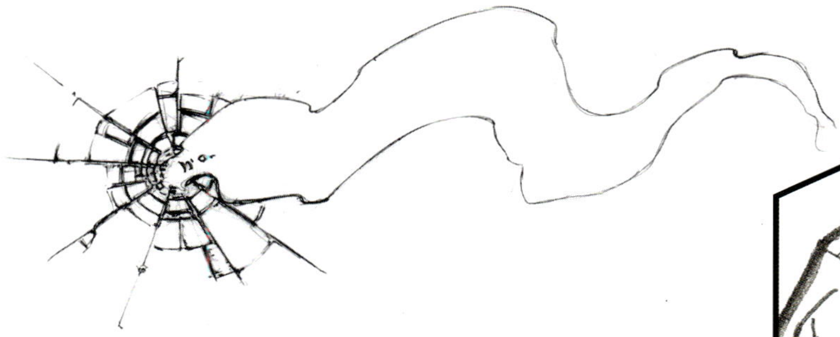

SCHULTERFALTEN AN DER JACKE

Die Art und Weise eines Jackenschnitts, macht es unmöglich, dass keine Falten an Schulter und Kragen gleichzeitig geworfen werden, wenn die Figur den Arm hebt. Lasst uns mal sehen, wie das funktioniert.

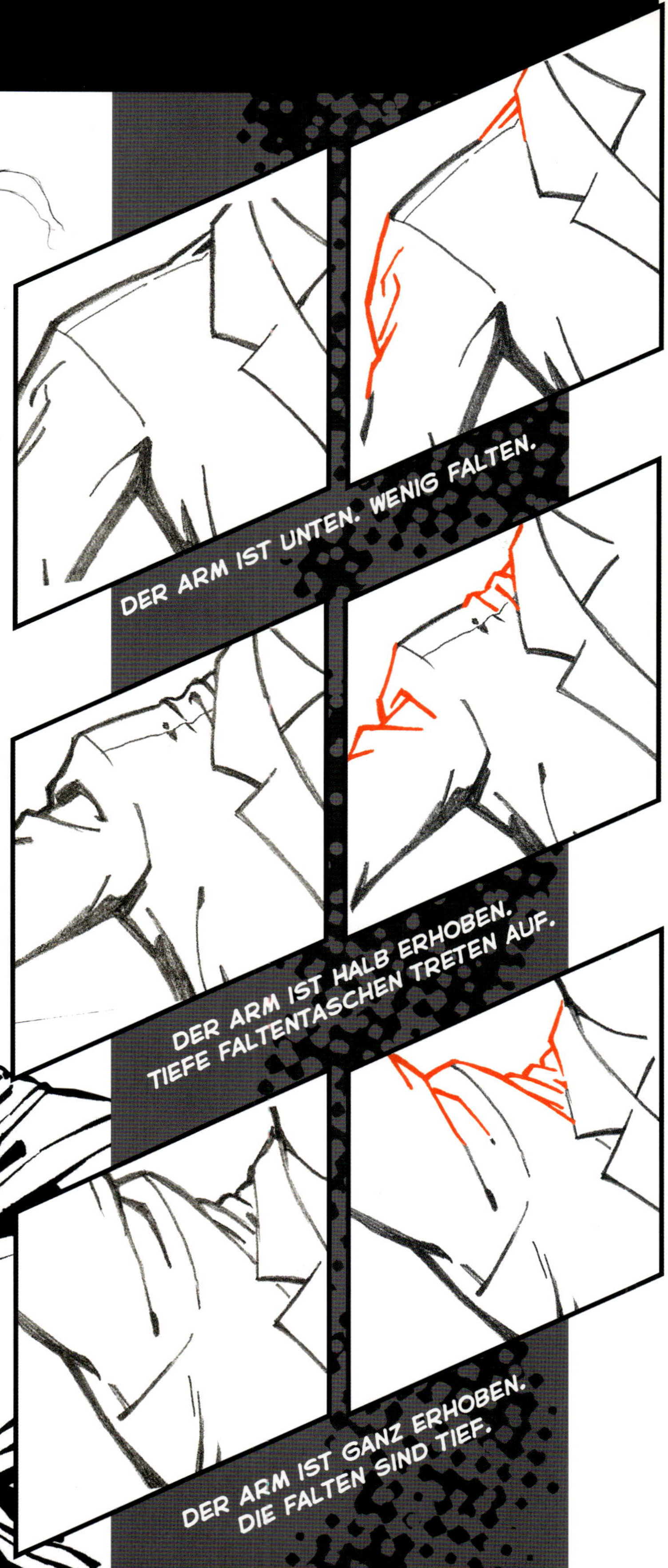

HOSENFALTEN IN DER KNIEKEHLE

Hier ist etwas, das man sich merken sollte: Bei den Hauptgelenken (Knie und Ellbogen) ist es so, je gebeugter das Gelenk ist, desto glatter ist die vordere Partie des Gelenks. In anderen Worten, ein vollständig gebeugtes Knie zeigt ein mit Falten durchzogenes Bein aber eine glatte Kniescheibe. Ein vollkommen gebeugter Ellbogen zeigt einen Ärmel mit einem glatten Ellbogen.

Wir haben bereits über Faltentaschen gesprochen: Falten, die kleine Fächer im Stoff bilden. Oft entstehen aus ihnen weitere kleine Fächer, die wiederum die großen betonen. Seht es euch an, und ihr wisst, was ich meine.

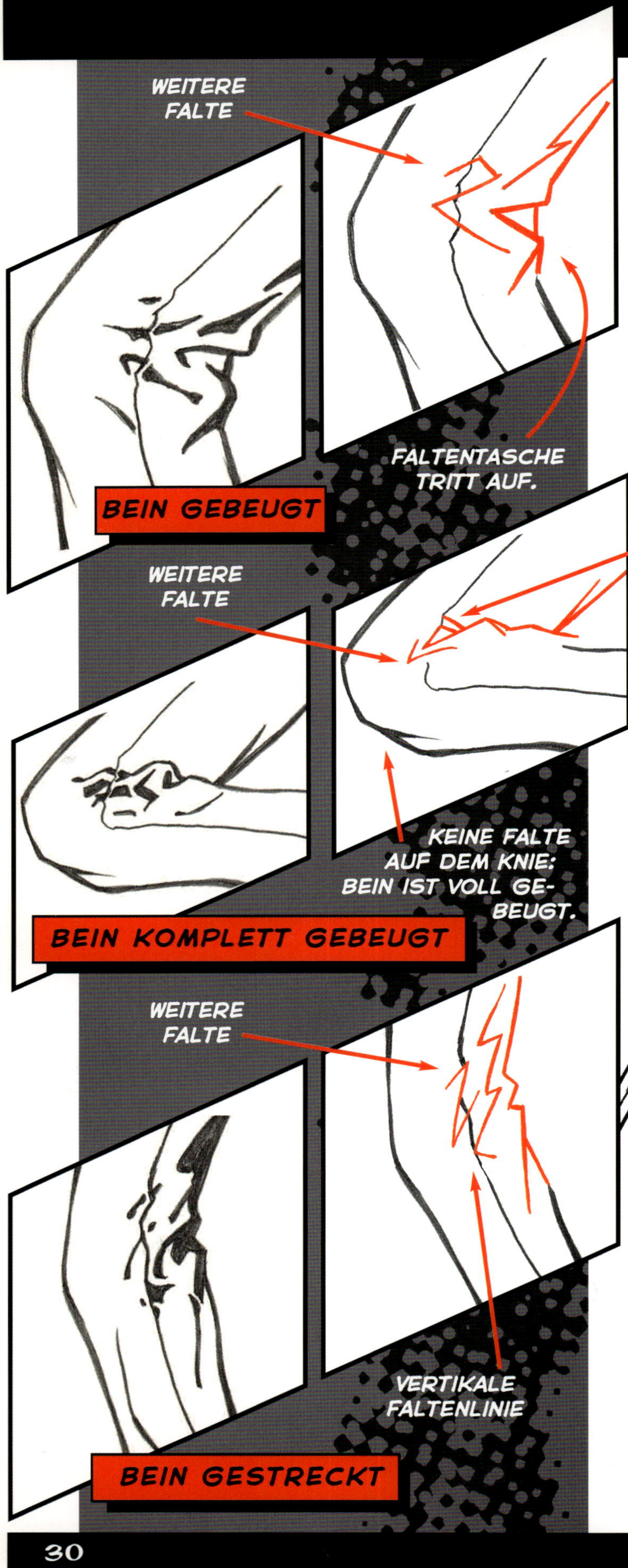

OBERKÖRPERDREHUNG

Aus der Körperdrehung resultiert immer ein dramatischer Effekt. Es entsteht eine diagonale Falte, die quer über den Torso führt. Je stärker die Drehung, desto ausgeprägter die Falte. Diese Falten sind nicht willkürlich über das Hemd verstreut, sie sind nur dort vorhanden, wo Spannung ist. Falten an Stellen zu zeichnen wo keine Spannung ist, lässt das Hemd zerknittert aussehen. Lasst den Großteil des Hemdes knitterfrei.

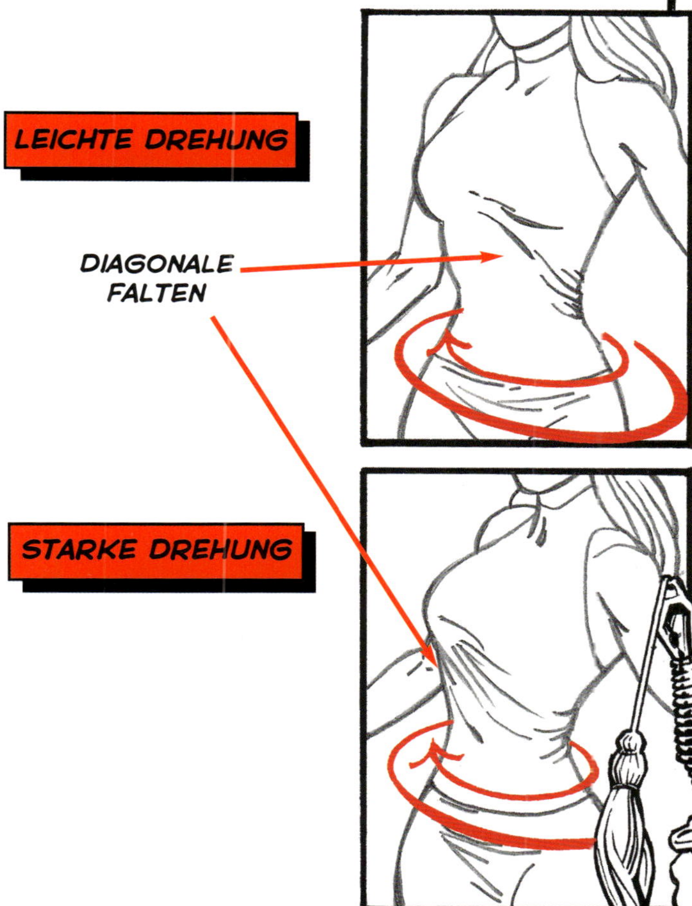

ROCKFALTEN

Natürliche Falten verlaufen horizontal, im Zickzack-Kurs über einen kurzen Rock und treffen sich in der Mitte. Wird ein Bein angehoben (wenn man es über das andere verschränkt oder es nach vorne bewegt, um zu rennen), drückt sich der Rock zusammen und es entstehen kleinere, willkürlichere Falten. Die Hüften drücken immer gegen den Stoff, also gibt es dort keinen Faltenwurf.

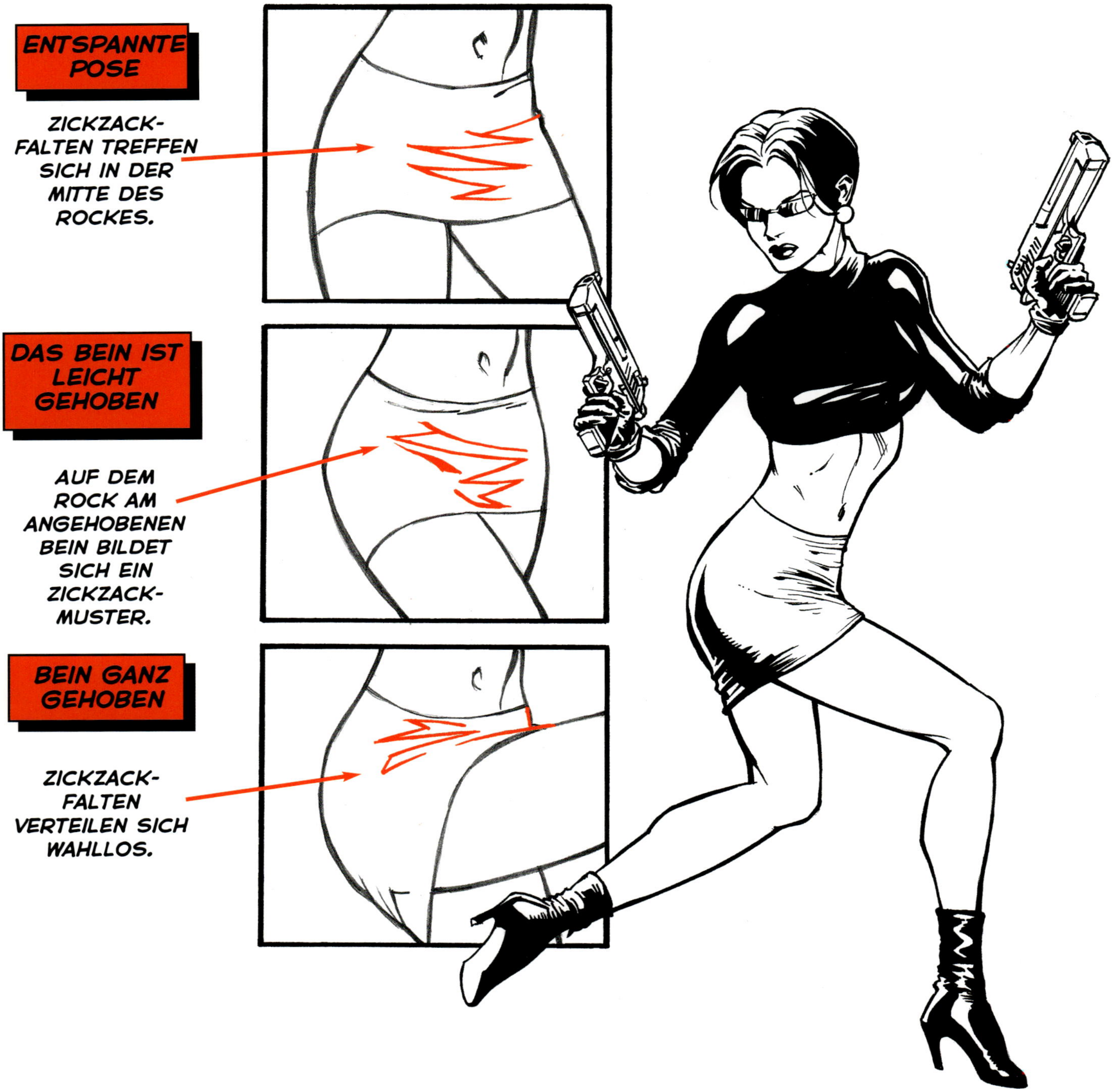

ENGE JEANS

Die Hosen einiger Frauen sehen wie aufgemalt aus. Deswegen gibt es nur wenig Spielraum für die Fächer- oder Taschenfalten, die man bei den Hosen und Jackenärmeln der Männer öfter firdet. Im Falle der hautengen Jeans, sprechen wir von kleineren Falten, die einfacher zu zeichnen sind und wohl auch schöner anzusehen. Diese Falten gehen strahlenförmig vom Druckpunkt weg und lösen sich dann schnell auf. Ihr müsst die Nahtlinie, die das Bein hinabläuft zeichnen.

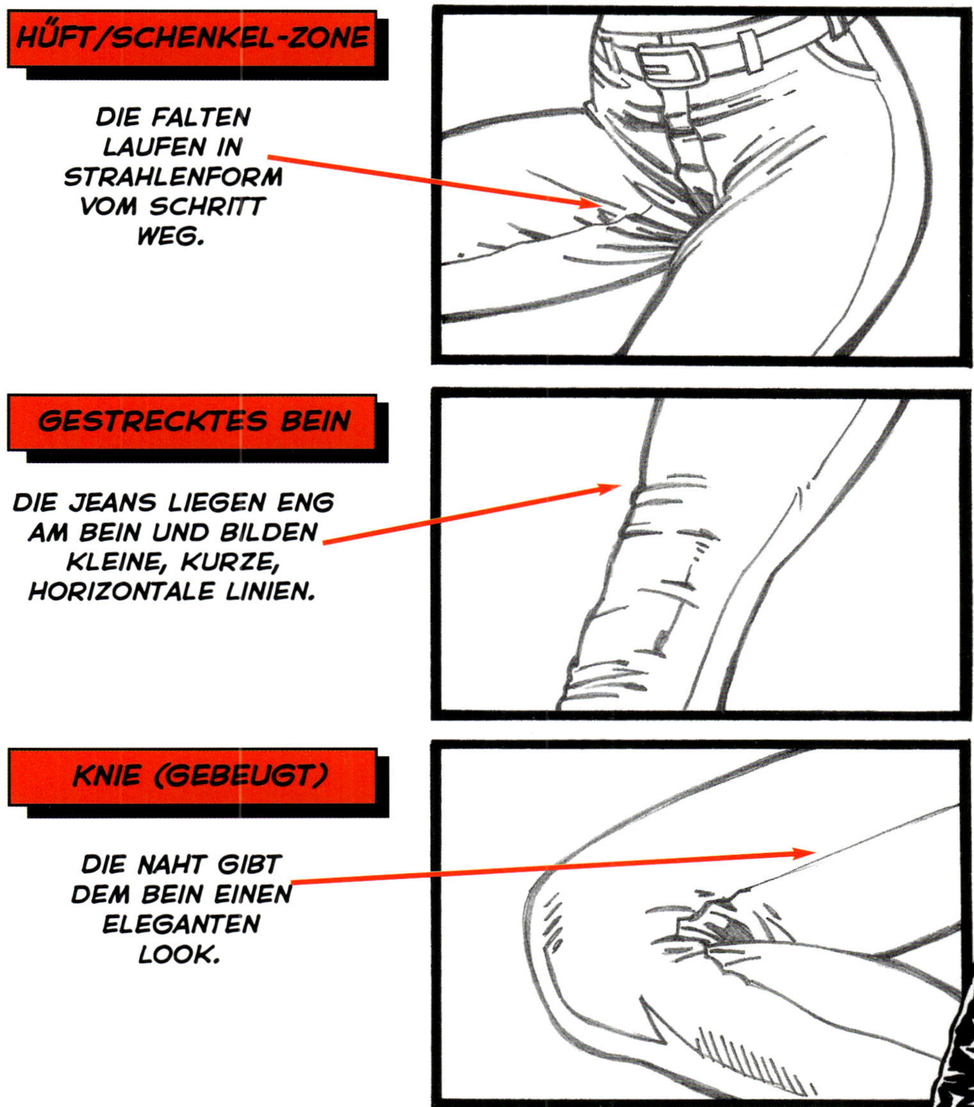

In Schatten getaucht

2

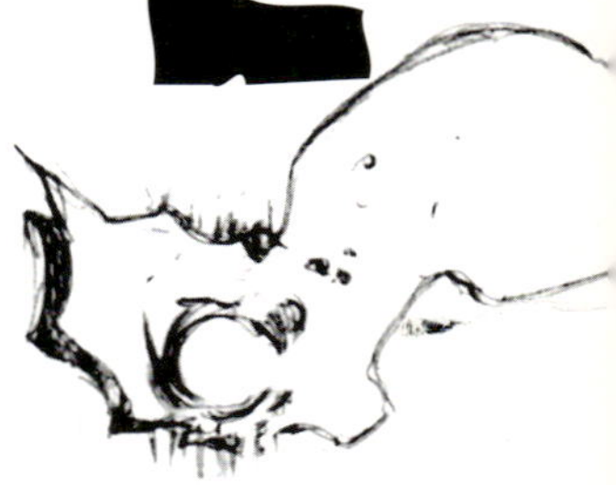

Wir könnten dieses Thema schnell abhandeln, ein paar feine Punkte herausarbeiten und es dann abhaken. Aber wo bleibt ihr dann? Ihr sitzt um zwei Uhr Mittags mit einer Tasse Kaffee da und eine Deadline starrt euch an. Da sitzt ihr nun, schielt auf ein leeres Blatt Papier und müsst eine Szene zeichnen, die nach tiefen Schatten verlangt. Und ihr habt keinen blassen Schimmer wie ihr anfangen sollt. Das ist mit mir nicht zu machen.

Dieses Kapitel ist gleich doppelt schön: Erstens lassen wir alles, was mit Mathematik und Geometrie zu tun hat, außen vor. Ich hab in Mathe nie aufgepasst und denk mal euch ging's ebenso. Es ist ein visuelles Medium und kein grafisches. Alles, was wir hier zeigen, sieht auch in Comics so aus. Zweitens ist trotzdem alles komplett vorhanden. Alle Techniken, um die dynamischsten Schatten, die verdrossensten Szenen und die mächtigsten, undurchsichtigsten Figuren zu zeichnen, sind beinhaltet. Das alles gebe ich euch, und ich geb's euch direkt. Seid ihr dabei? Ja! Gut! Ihr habt Courage, das muss ich euch lassen. Das mag ich.

LANGE SCHATTEN FÜR STIMMUNG UND MACHT

"High noon" (Mittagszeit) mag für ein Westernduell am OK Corral eine gut gewählte Zeit sein, für den Crime Noir ist sie schlecht. Die Mittagssonne direkt über dem Kopf erzeugt nur kurze Schatten und schafft nur eine bedingte Atmosphäre. Schatten sind aber das essentielle Werkzeug im Crime Noir. Sie hinterlassen einen bleibenden Eindruck im Kopf des Lesers. Soll euer Charakter beeindruckend wirken, müsst ihr ihm einen beeindruckenden Schatten geben. Der Schatten kann ihn von hinten unterstützen, oder auf das vor ihm stehende Opfer fallen.

Die unten stehenden Beispiele zeigen, um wie viel effektvoller lange Schatten sind, als kurze. Die langen Schatten tragen Spannung, drohende Gefahr, Einsamkeit und eine Ruhe in sich, die bald durch Gewalt durchbrochen wird.

JE HÖHER DER WINKEL DER LICHTQUELLE LIEGT, DESTO KÜRZER WIRD DER SCHATTEN.

JE TIEFER DER WINKEL DER LICHTQUELLE LIEGT, DESTO LÄNGER WIRD DER SCHATTEN.

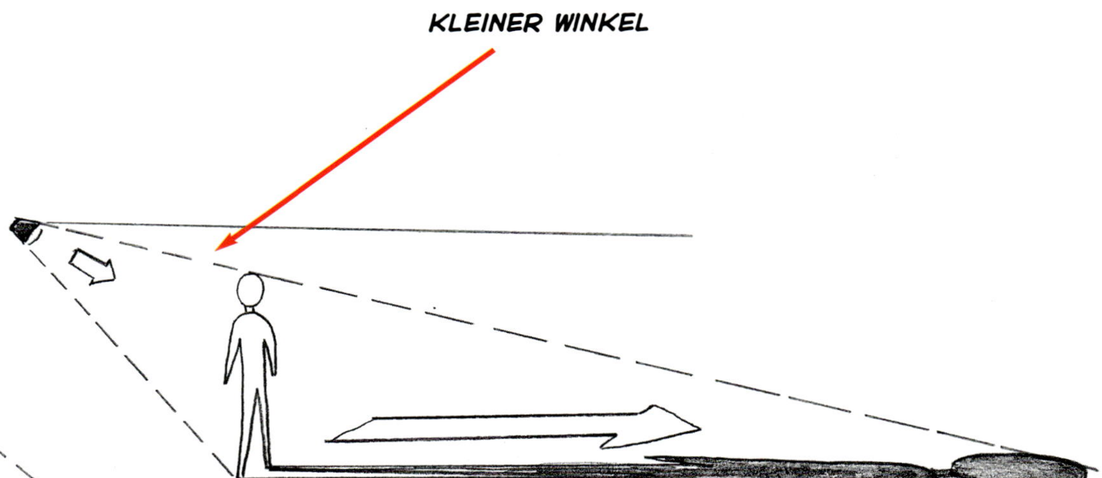

EIN WORT ÜBER DIE LICHTQUELLE . . .

Wir malen lange Schatten, das bedeutet das Licht kommt aus einem tieferen Winkel und nicht von oben. Licht kommt aus einer bestimmten Richtung. Das müsst ihr im Kopf behalten, wenn ihr Schatten zeichnet. Das da unten bin übrigens ich, eine Kippe rauchend. Hey, ich bin auf drei Packungen am Tag, was wollt ihr von mir? Beachtet, dass der vordere Teil meines Oberkörpers in Schatten getaucht ist. Logischerweise muss die Sonne hinter mir sein. Ich hab keine Wahl, mein Schatten muss vor mich fallen.

"KORREKTE" GEGEN GRAFISCHE SCHATTEN

Wollt ihr richtig eindrucksvolle Comics zeichnen, oder eine Eins in Kunst haben? Künstler-Neulinge haben die Eigenschaft, alles überkorrekt zu zeichnen und das führt dazu, dass ihre Arbeiten eintönig sind – akkurat bis zum Umfallen, aber langweilig. Die Schatten sind das A und O. Also gebt ihnen das Quäntchen Originalität das sie verdienen. Sind sie akkurat gezeichnet, entwickeln sich langweilige Muster und die Action wird verfremdet. Zeichnet die Schatten als Teil der Szenerie. Was meint ihr? Richtige Antwort. Genug von diesem Lehrer-Blödsinn. Fangen wir mit der Arbeit an.

KORREKTE SCHATTEN

Hier seht ihr wie es aussieht, wenn ihr pedantische Realitätsfanatiker seid. Der Schatten verdeckt das Opfer, dementsprechend seht ihr nicht was abgeht. Das Bild büßt seine ganze Wucht ein.

GRAFISCHE SCHATTEN

Hier könnt ihr eure künstlerische Lizenz über Bord werfen, denn ihr wisst wie es richtig geht und ihr wollt ja, dass die Szene gut aussieht. Der Schatten bedeckt das Opfer nicht, was einen Kontrast schafft, die Ausweglosigkeit der Szene unterstreicht und das Opfer einrahmt.

KORREKTE SCHATTEN

Die Lichtquelle ist hier korrekt links verankert und so befindet sich der Schatten auf der rechten Seite. Das Resultat ist, dass das Gesicht der Frau völlig in den dunklen Tönen verschwindet, man sieht also den Rücken eines Mannes und den Schatten auf dem Gesicht der Frau. Damit kann man nicht gerade viel anfangen.

GRAFISCHE SCHATTEN

Ihr könnt das Problem lösen, indem ihr den Schwerpunkt ändert. Der Schatten auf der Frau war nutzlos. Also legen wir ihn nur auf den Mann. Und wir legen ihn so stark auf den Mann dass er nur noch als Silhouette erkennbar ist, was ihn bedrohlich wirken lässt. Jetzt können wir den Schatten aus ihrem Gesicht nehmen, verschmelzen wir ihren Körperschatten mit seinem, sodass sie eine unangenehme Allianz eingehen.

KORREKTE SCHATTEN

Wenn sich zwei Schatten überlappen, wie bei diesen beiden sich prügelnden Boxern, wird's konfus, da die Schatten ineinander überlaufen.

GRAFISCHE SCHATTEN

Trennt die Kämpfer, sodass keine Überlappung entsteht. Jetzt funktioniert die Kampfszene einwandfrei.

KORREKTE SCHATTEN

Dieser Körperschatten ist zwar korrekt, aber nicht gerade eindrucksvoll.

GRAFISCHE SCHATTEN

Scharf gezogene Schatten, die in Richtung des Lesers zeigen, sind viel dramatischer.

SCHATTENMUSTER AUF WÄNDEN, USW.

Was passiert, wenn ein Schatten auf etwas anderes, als auf den Boden trifft? Er tut üblicherweise eines von drei Dingen: Er wird vergrößert, was das Subjekt beeindruckend macht, er umhüllt quasi die Form, was sie solide wirken lässt, oder er schafft ein cool aussehendes Muster, das in einem Grafik Design resultiert. All diese Effekte verbessern die Stimmung und Atmosphäre der Szene. Schauen wir uns mal an, wie sie entstanden sind und noch wichtiger, wie ihr sie kreieren könnt.

LICHT HOCH ÜBER DEM KOPF WIRFT EINEN KLEINEN SCHATTEN AN DIE WAND.

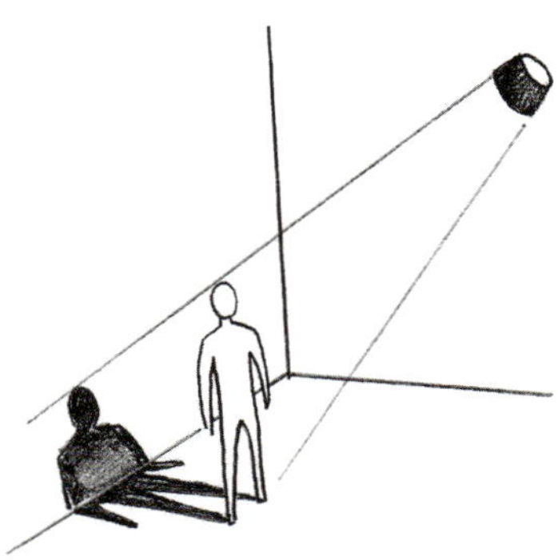

LICHTQUELLE AUF AUGENHÖHE WIRFT EINEN SCHATTEN, DER SO HOCH WIE DER CHARAKTER IST.

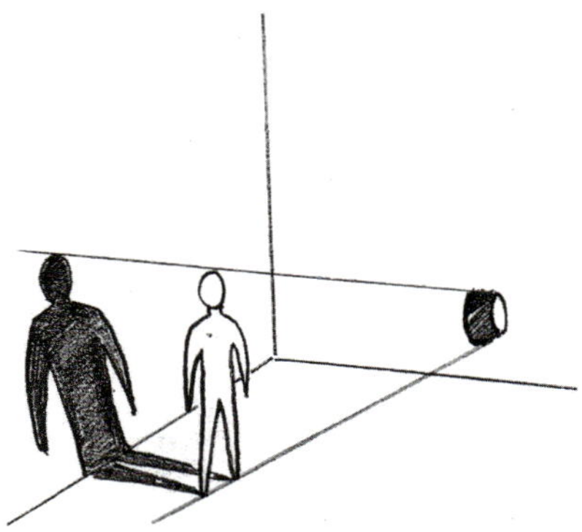

EINE TIEFE LICHTQUELLE WIRFT RIESIGE SCHATTEN AN DIE WAND.

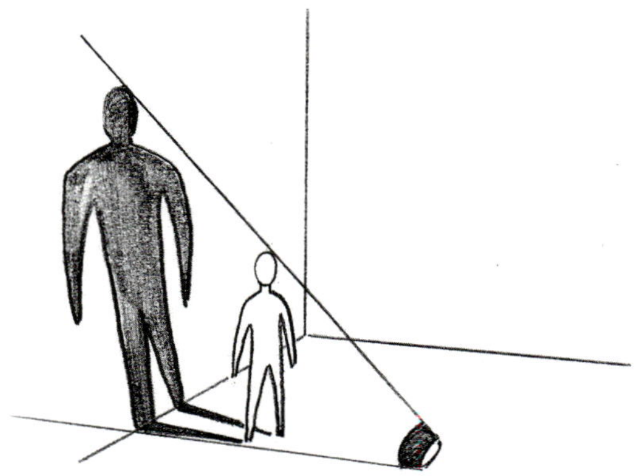

LICHT VON UNTEN

Licht, das eine Figur von unten anstrahlt, bewirkt vergrößerte Schatten und einen unheimlichen Effekt, wie helles Licht von unten und Schatten von oben. Ein unheilvoller, starker Look. Denkt immer mal wieder an diese Tipps, ihr werdet sie brauchen.

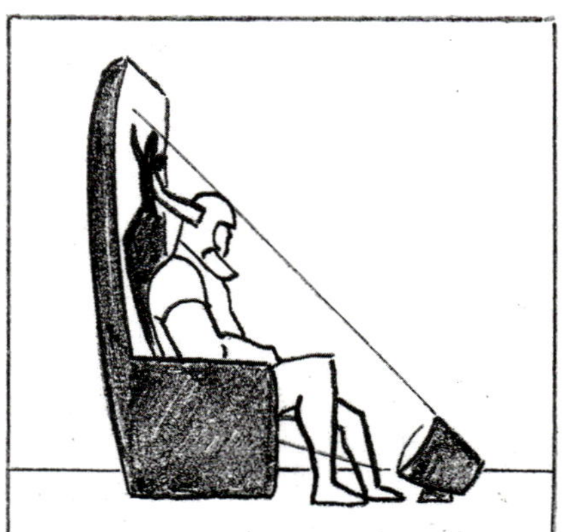

SCHATTEN AUF EINER UNGLEICHMÄSSIGEN FORM

Der Schatten sollte die ungleichen Flächen und Winkel der Wand annehmen.

GEMUSTERTE SCHATTEN

Fensterscheiben, Roll- und Fensterläden schaffen gute Schattenmuster. Versucht die Form des Schattens zu verzerren, sodass er nicht perfekt quadratisch ist. Das wäre langweilig.

TIEFES LICHT VON UNTEN AN EINER SÄULE

Die Säule ist nicht groß genug, um den ganzen Schatten aufzunehmen, also wickelt er sich um die Säule und gibt ihr eine Oberflächenstruktur. Die tiefe Lichtquelle erzielt einen größeren Schatteneffekt.

SCHATTEN AUF STRUKTURIERTEN OBERFLÄCHEN

Ihr müsst eurem Leser ein Gefühl für die Umgebung geben. Es ist ein Unterschied, ob es ein Friedhof, oder ein Labor für Biogenetik ist. Ob es Gras, oder marmorne Fliesen sind. Die Art und Weise, wie ihr die Schatten auf diesem Untergrund malt, hilft das Gefühl dafür zu verstärken. Hier einige Beispiele von Schatten, die gemalt wurden, um die Oberflächenstruktur zu reflektieren..

FLIESENBODEN: LABOR

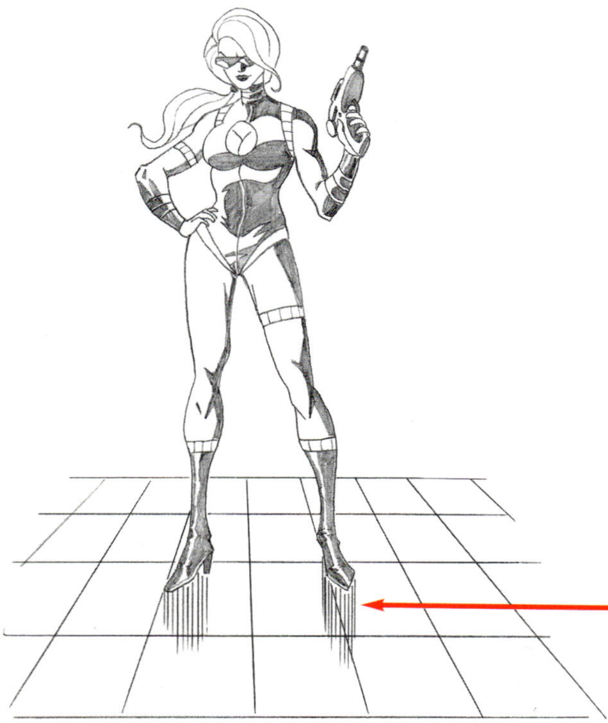

VERTIKALE STRICHE BEI EINEM GLATTEN BODEN.

BEGRÜNTE ZONE: FRIEDHOF

KURZES WIESENGRAS ZWISCHEN DEN BEINEN

STEINPFLASTER ODER FLIESEN: EUROPÄISCHER ÜBERGABEORT

SCHATTEN WERDEN VON WEISSEN LINIEN DURCHZOGEN.

WASSER: ABWASSERKANAL

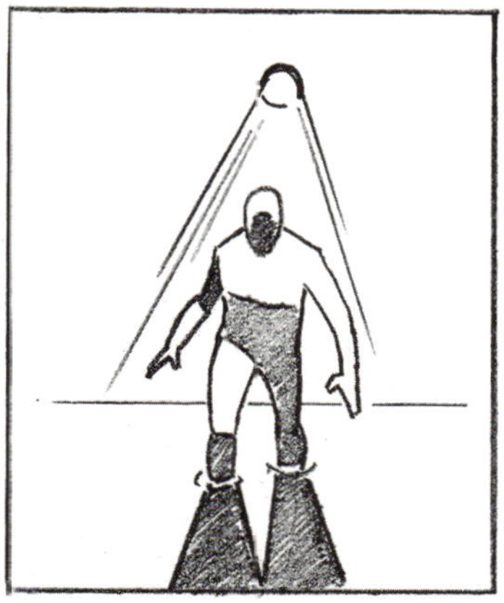

SCHWARZE, GEKRINGELTE ZONEN DIE SICH EVENTUELL TREFFEN.

TEILSILHOUETTEN

Um es klar zu sagen, Silhouetten sind absolut schwarze Figuren. Das ist auch gut so für einen bedrohlichen Typen, der sich im Schatten versteckt. Aber um einen Charakter vorzustellen, braucht es etwas mehr. Wer erinnert sich schon an einen Charakter, der nur als Silhouette vorkommt? Jetzt bekommt ihr noch eine kreative Unterweisung von mir. Folgt mir einfach.

Wenn das Licht sehr stark ist, ist der Schatten intensiv. Platziert ihr das Licht direkt über der Figur, so fällt alles unter ihm in tiefen Schatten. Ist das Licht hinter dem Charakter, wird alles vor ihm in tiefes Schwarz gehüllt. Dunkelheit ohne entsprechende Lichteffekte ist undramatisch. Es ist dann einfach nur simple Dunkelheit. Um dem Schatten einen Charakter zu verleihen, erlauben wir dem Licht, um die Figur herum zu strahlen, sowohl die Ränder zu umspielen, als auch auf ihm und um es herum zu tänzeln. Schaut es euch einfach an.

SCHEINWERFER: FLUCHT

Ein Licht von oben bestrahlt den fliehenden Killer. Das vordere Bein wird vom Licht getroffen, während das andere im Schatten liegt. Das gleiche passiert mit den Armen, die sich während des Rennens bewegen. Dieser Kontrast macht die Pose dramatischer, als wenn sie komplett in Dunkelheit gehüllt wäre.

LODERNDES LICHT VON HINTEN: BRANDSTIFTER

Die Figur ist zwar dunkel, aber die Highlights des Feuers flackern um sie. Sie beleuchten die Ränder und lassen den Feuerteufel noch unheimlicher wirken.

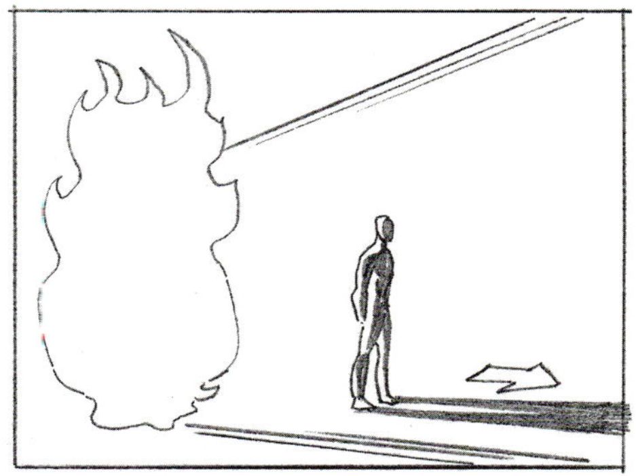

IN DER FINSTERNIS VERSCHWINDEN

Sie ist toll anzusehen, aber es ist unmöglich sie zu besitzen. Sie kommt aus dem Nichts und verschwindet ebenso mysteriös. Einen Teil ihrer Mystik macht aus, dass sie nur zu drei Vierteln gezeichnet ist. Ein Teil ihres Körpers verschmilzt mit der Dunkelheit. Das sieht gut aus, sinnlich und sexy. Vergesst diese Technik auf keinen Fall, ich hätte sie euch nicht gezeigt, wenn ich nicht wüsste, dass ihr sie mal gebrauchen könnt. Erregt mit meinen Insider-Tips einfach nicht soviel Aufmerksamkeit, haben wir uns verstanden?

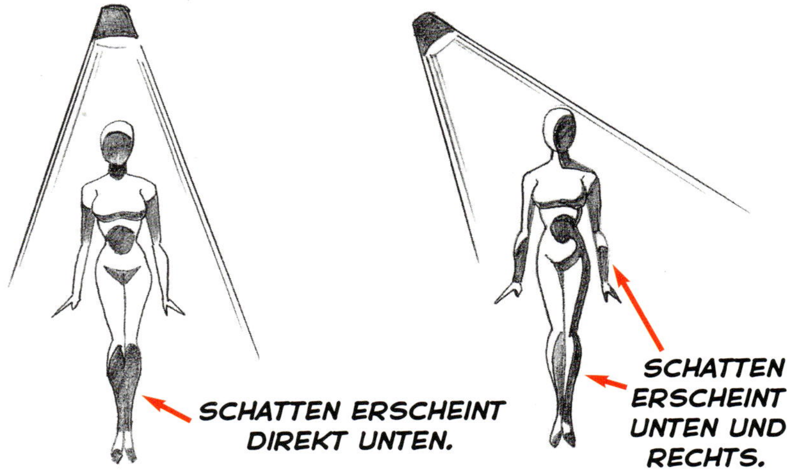

SCHATTIERTE GESICHTER: VIELFALT IM ANSATZ

Jedes Buch über Kunst kann euch Beispiele wichtiger Momente nennen, die nach speziellen Schattenformen verlangen. Das ist ja alles schön und gut. Es gibt aber unzählige Momente innerhalb einer Geschichte, in denen ihr Informationen und Erklärungen erteilt, um die Story zu entfalten, die nichts Spezielles aussagen. Was macht ihr dann? Ihr müsst immer noch Schatten hinzufügen, weil das nun mal im Genre so ist und weil das Bild dann besser aussieht.

Hier kommt das kleine, feine Geheimnis, das euch die meisten Kunst-Gurus nicht verraten. Ihr braucht nicht immer einen Grund, um Schatten zu zeichnen. Ja, das stimmt. Manchmal macht man es nur, weil es gut aussieht – also zur Hölle mit der Lichtquelle. Nun mißbraucht dieses Privileg bloß nicht und verfremdet die Realität. Ihr könnt einen Typen nicht beleuchten als wäre er im ersten Moment im Knast und im nächsten an einem Karibikstrand. Niemand behauptet, ihr könntet euren Zeichnungen nicht einen kleinen Kick geben. Ich hab noch nie einen Comicleser gehört, der gesagt hat: "Hey, das ist die coolste Seite die ich je gesehen habe, aber wo ist die zweite Lichtquelle?"

ZONEN FÜR LICHTER UND GLANZ

Attraktive Frauen machen großes Aufsehens wegen ihrer Augen, also bedeckt sie nicht mit Schatten. Lasst immer ein bisschen Platz für Highlights und zwar für jedes Auge, selbst wenn der Rest des Gesichts im Schatten liegt.

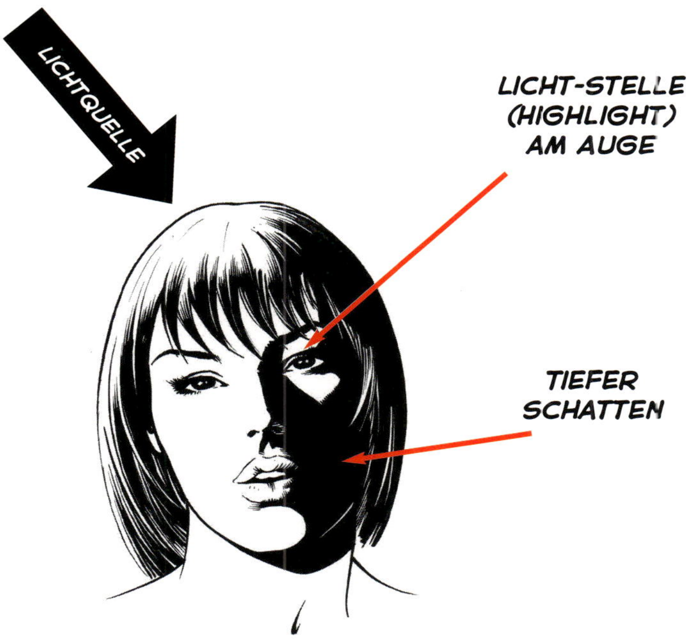

KLEINE SCHATTEN

Ihr wollt weniger Schatten? Das ist auch ein guter Ansatz. Begrenzt ihn einfach auf Nase und Kinn.

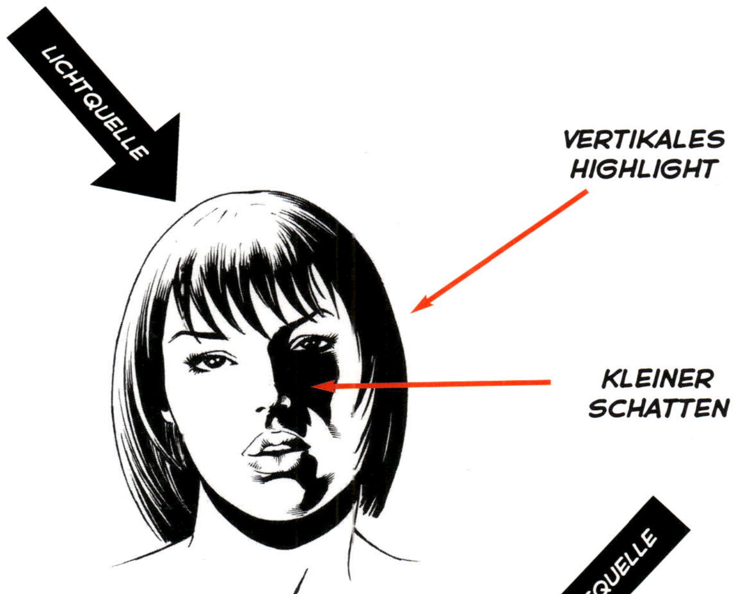

VERSCHMELZENDE SCHATTEN

Schatten fallen vom Kinn und der Nase nach links; zur gleichen Zeit fallen sie von der hinteren linken Kopfseite nach rechts und hinterlassen ein Highlight auf ihrer Backe. Ein schöner Effekt.

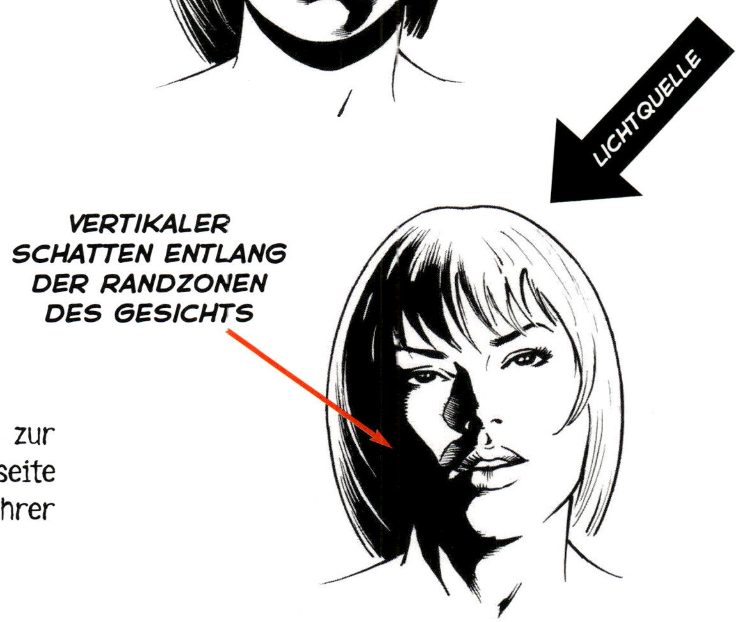

SCHATTIERTE GESICHTER: DER VOLLSTRECKER

Ihr müsst erst an ihm vorbei, um zum Boss zu kommen. Aber zuerst werdet ihr durchsucht. Und seid nicht so blöd, ein Abhörgerät mitzunehmen, oder das letzte was ihr seht ist das Innere eines Kofferraums.

LICHT VON BEIDEN SEITEN

Wenn ihr euren Charakter von links und rechts beleuchtet, bilden sich kleine Schatten in der Mitte des Gesichts. Es sind dunkle Stellen um den Mund und die Augen, die dem Charakter einen ernsten Ausdruck geben.

BELEUCHTUNG VON EINER SEITE

Eine Hälfte des Gesichts in Schatten zu tauchen, erzeugt einen bedrohlichen Look. Beachtet, wie ein Teil des Schattens auf die beleuchtete Seite fällt, speziell um die Augen.

LICHTEINFALL AUS TIEFEM WINKEL

Manchmal, besonders bei einem dicken, seltsam geformten Charakter, entsteht durch symmetrische Schatten eine maskenähnliche Erscheinung. Um einen symmetrischen Schatten zu erhalten, platziert die Lichtquelle direkt unter dem Kinn.

SCHATTIERTE GESICHTER: DER STARKE HELD

Man hat auch seine guten Jungs im Crime Noir. Der Unterschied zwischen den Action-Helden der normalen Comics und den Crime-Noir-Helden ist, dass die Noir-Jungs Schatten haben, die ihnen eine harte Stärke verleihen. Obwohl sie auf der Seite der Guten stehen, mangelt es ihnen an Menschlichkeit und Seele. Das könnt ihr daran sehen, dass der Schatten auf sie wie auf Granitstatuen fällt.

GRUNDANSATZ

Nahes ist dunkel, weites ist hell. Das ist der Standardansatz, wenn die Lichtquelle nichts anderes vorgibt. In der Regel wird die zurückliegende Seite des Gesichts nicht schattiert, da es sonst verblassen und das Auge des Lesers ermüden könnte. Ihr wollt jedoch, dass der Leser tiefer blickt. Bringt den Leser dazu, auf die entfernten Teile des Gesichts zu schauen, indem ihr diese Teile hell und die nahen dunkel macht.

HELD IN DER PRALLEN SONNE

Um diesen Look zu bekommen, müsst ihr fast alles schwärzen und nur die knochigen Strukturen des Schädels, Wangenknochen, Kiefer, Nase und Kinn beleuchten. Es soll nach einem heißen Tag im August aussehen, irgendwo in der prallen Sonne.

SCHATTEN DURCH GESICHTSZÜGE

Wieder so ein super heißer Tag, an dem die Sonne direkt von oben auf den Kopf prallt. Die Sonne zaubert Schatten unter die Augenbrauen, Nase, Lippen und Wangenknochen.

Sündhafte Frauen

3

Wenn ihr nach der Frau von nebenan sucht, werdet ihr sie in diesem Buch nicht finden, nicht mal im ganzen Crime-Noir-Genre. Für die Frauen hier zählt nur das Geschäft. Das bedeutet jedoch nicht, dass auf den folgenden Seiten keine Romanzen gibt. Es gibt sie. Aber glaubt nicht, dass das was irgendwas ändert. Solltes ihr das Ziel sein, geht ihr unter, selbst wenn sie denkt, dass ihr nette Typen seid.

Manche dieser Frauen sind Profis, richtige Bordsteinschwalben. Na ja, wir müssen alle was zum Essen auf den Tisch bekommen. Aber die meisten sind es nicht. Sie sind Putzfrauen ohne festen Job, du weißt schon, die Art von Frauen, die dafür bezahlt werden, um den menschlichen Müll von den Straßen der unerbittlichen Stadt zu entfernen. Eben jene Pechvögel, die nicht rechtzeitig ihre Schulden begleichen konnten. Und dann gibt es noch die, die sich an jeden dranhängen. Die typischen Möchtegerns, die nach einem Freiticket ins Niemandsland suchen, wo sie meistens auch schnell hinkommen. Dieses Kapitel sieht vielleicht wie eine schöne Allee aus, hat aber auch tückische Kurven. Also, immer schön dranbleiben.

GOODBYE, JOHNNY BOY

Schlußmachen ist echt eine harte Sache. Eine Kugel ist eine Möglichkeit, um mit einer Sache abzuschließen. Es ist zwar eine miese Tour, aber man erspart sich den ganzen "Es liegt nicht an dir, es liegt an mir"-Kram. Und jetzt kommt sie in seine Computerdateien und kann das Passwort für das Schweizer Bankkonto stehlen. Das ist doch wohl genug Ersatz für ein gebrochenes Herz.

KONSTRUKTIONSSTUFE

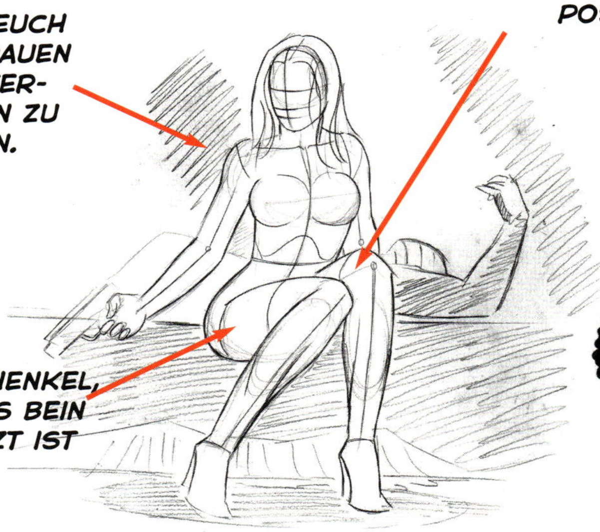

SKIZZIEREN DER SCHATTEN

Stilettoabsätze

Verlängert immer das Bein, indem ihr die Zehen nach unten zeigen lasst. Das gibt ihm einen eleganten, sexy Look. Stilettos sind perfekt, um den Fuß in diese Position zu kriegen, da sie die Fersen anheben. Dadurch wird der Fuß nach unten geneigt und bildet mit dem Rest des Beines eine einzige, ungebrochene Linie.

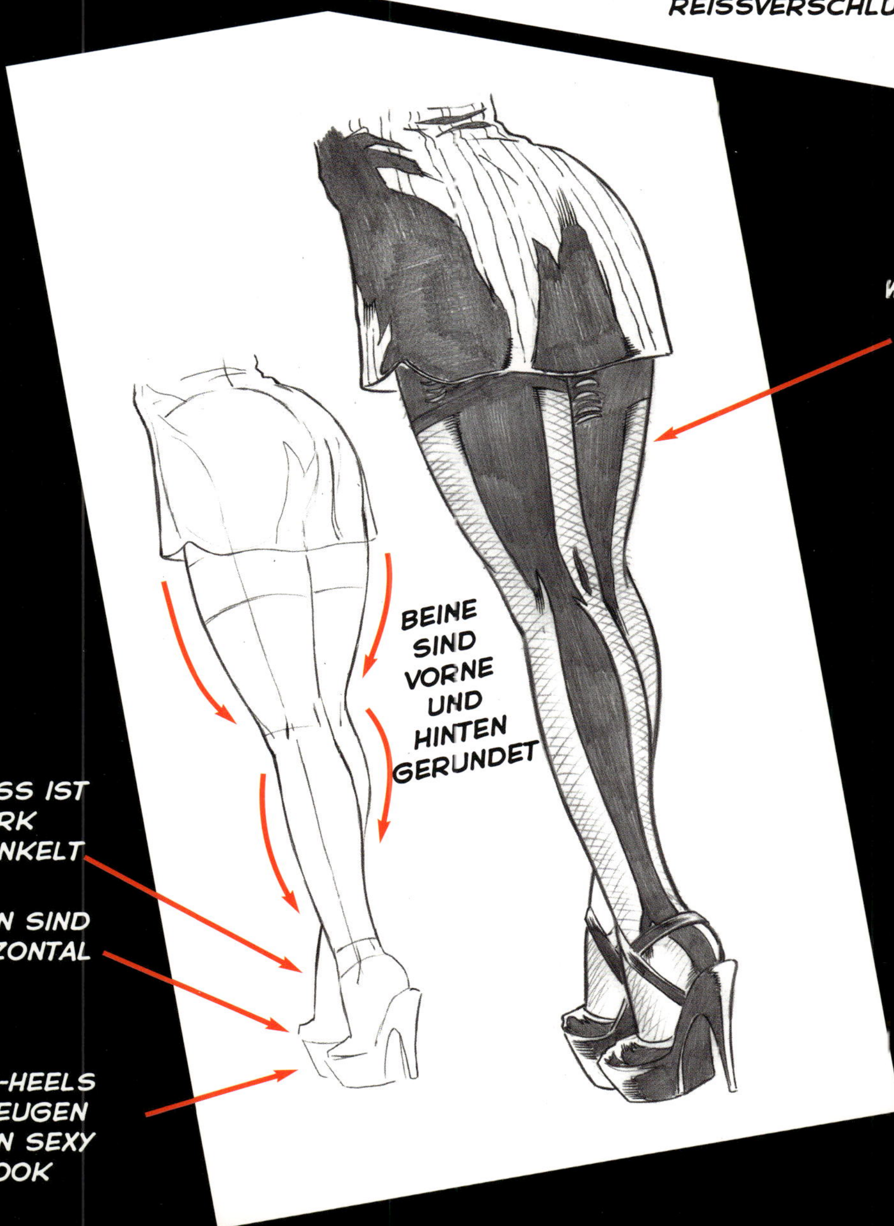

EINE FRAU UND IHRE CREW

Alles was ihr tun müsst, ist ihr für zwei Stunden zu vertrauen. Sie hat ihre Crew aufgestellt, alles Spezialisten. Die Ausrüstung ist im Truck. Der Fahrer wartet auf ihr Signal. Das ist der leichte Teil. Ihr müsst ihr nur noch die erste Hälfte des Geldes geben.

Schwierig wird's erst wenn sie mit dem Software Code zurückkommt. Ihr schuldet ihr noch die andere Hälfte der Kohle, müsst sie aber erst noch auftreiben. Habt ihr das Geld, gibt sie dir den Code gegen Cash, und die Transaktion war ein Erfolg. Oder sie jagt dir eine Kugel zwischen die Augen, behält den Code und das Bare. Aber warum sollte sie das tun? Sie weiß ja nicht wofür der Code ist, das wisst nur ihr. Sie braucht es auch nicht wissen – schon ganz und gar nicht, dass der Käufer es auch von ihr nehmen würde. Tatsache ist: ihr braucht diesen Code. Ihr braucht sie. Aber kann man ihr trauen?

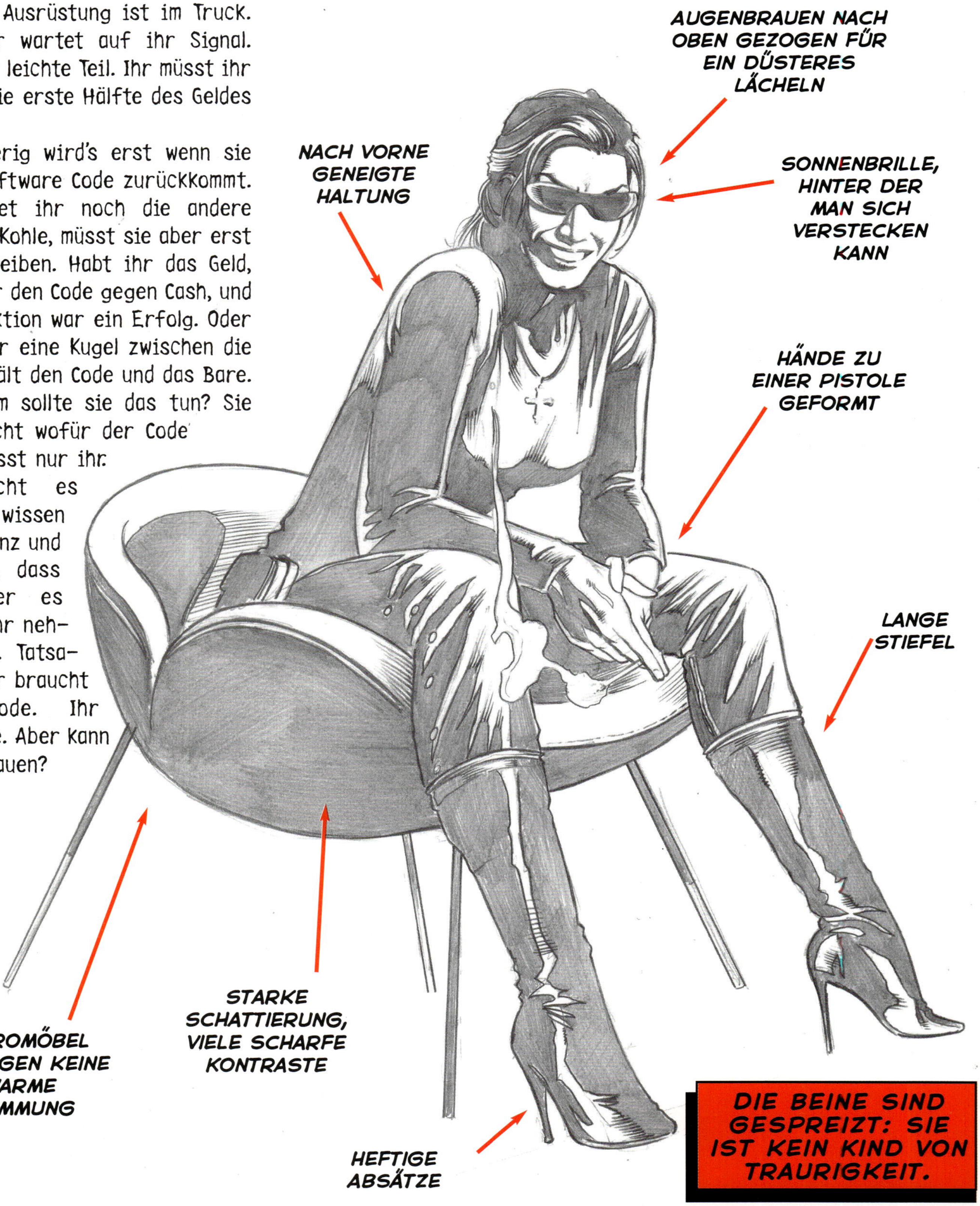

LIPPENSTIFT UND SPITZE

Um Fliegen zu fangen, brezelt sich diese Spinne richtig auf. Negligees, Seidenstrümpfe, Unterwäsche und Strapse ... Und, oh yeah, eine 45er. Aber die werdet ihr erst zu Gesicht bekommen, wenn es zu spät ist.

Kanonen und Sex Appeal

Die Romantik der Knarre ist seit Jahren Teil von Filmen und Schundliteratur, von Comics und Comicromanen ist. Wie in der Autowerbung, in der Frauen neben Sportwägen gestellt werden, ist die Kombination typisch maskuliner Gegenstände mit der Weiblichkeit hochgradig erotisch. Es erzeugt eine rohe Sexualität, die im Crime Noir hervorragend funktioniert.

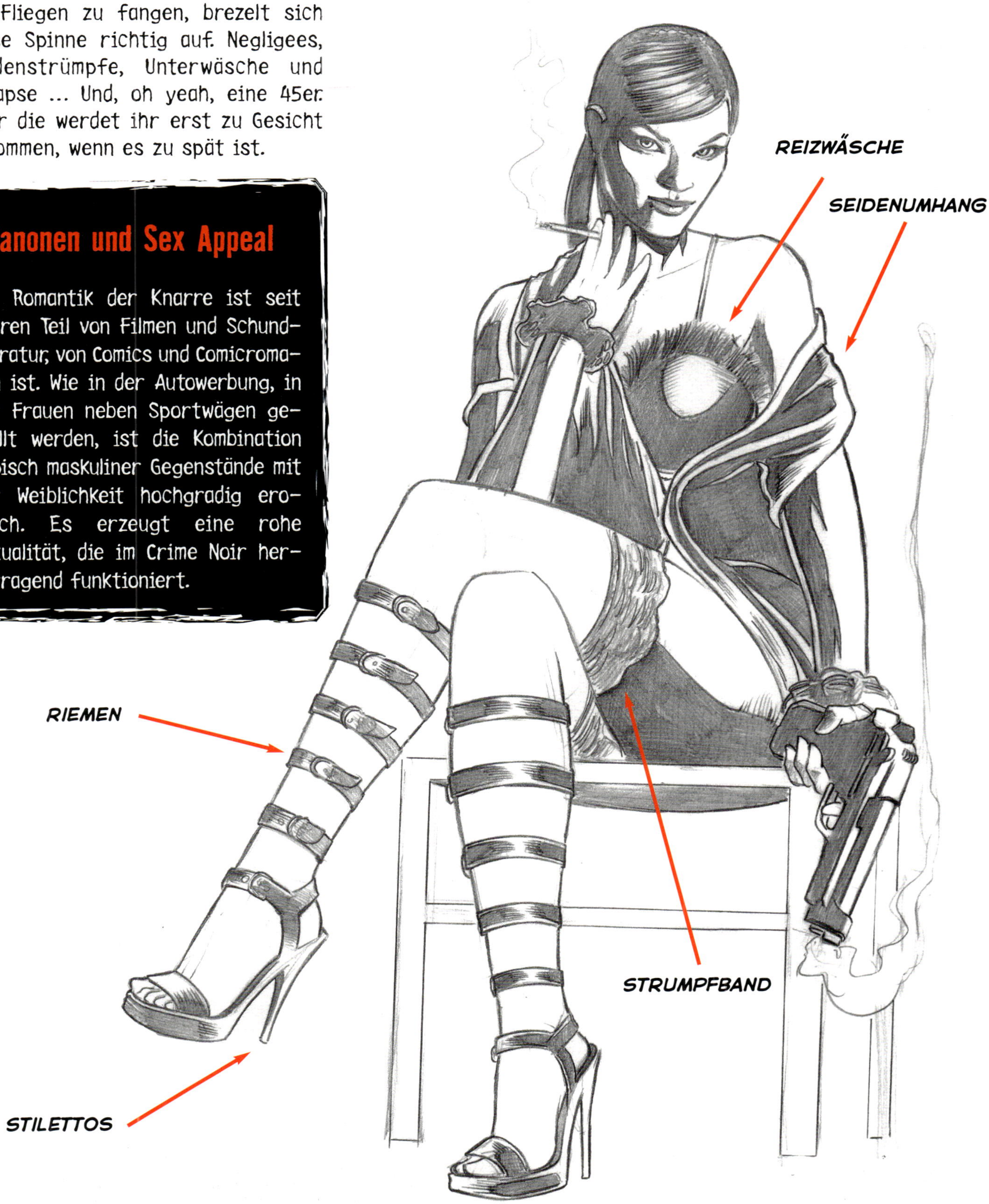

DIE NACHTKLUBSÄNGERIN

Die Frauen, die im Entertainmentsektor arbeiten, egal ob Sängerin oder Model, haben niemals Pause. Die smarten gehen in die Abendschule und kommen an die Wall Street. Die anderen bleiben einfach da. Die Sängerin ist ein Mädchen mit dem richtigen Aussehen und Bewegungen. Der Boss hat sie gern um sich, obwohl es schon eine Jüngere gibt, die er langsam aufbaut. Ein Mädchen wie dieses braucht eine große Tasse Kaffee, einen netten Typen und ein Ticket raus aus dieser verdammten Stadt.

Natürlich ist die Sängerin groß gewachsen, mit einer etwas schlaksigen Figur. Sie hat eine kantige Gesichtsform, aber im klassischen, schönen Sinn. Langes Haar, vielleicht ein wenig zu lang für jemanden, der schon die Vierzig ankratzt. Aber sie hat tolle Schlüsselbeine und breite Schultern, die sie nicht scheut vorzuzeigen. Ihre schmale Taille mit ihren weiten Hüften lässt die Männer immer aufmerksam zuhören. Mit diesem Aussehen hätte sie ein Starlett werden können – für fünfzehn Minuten oder so.

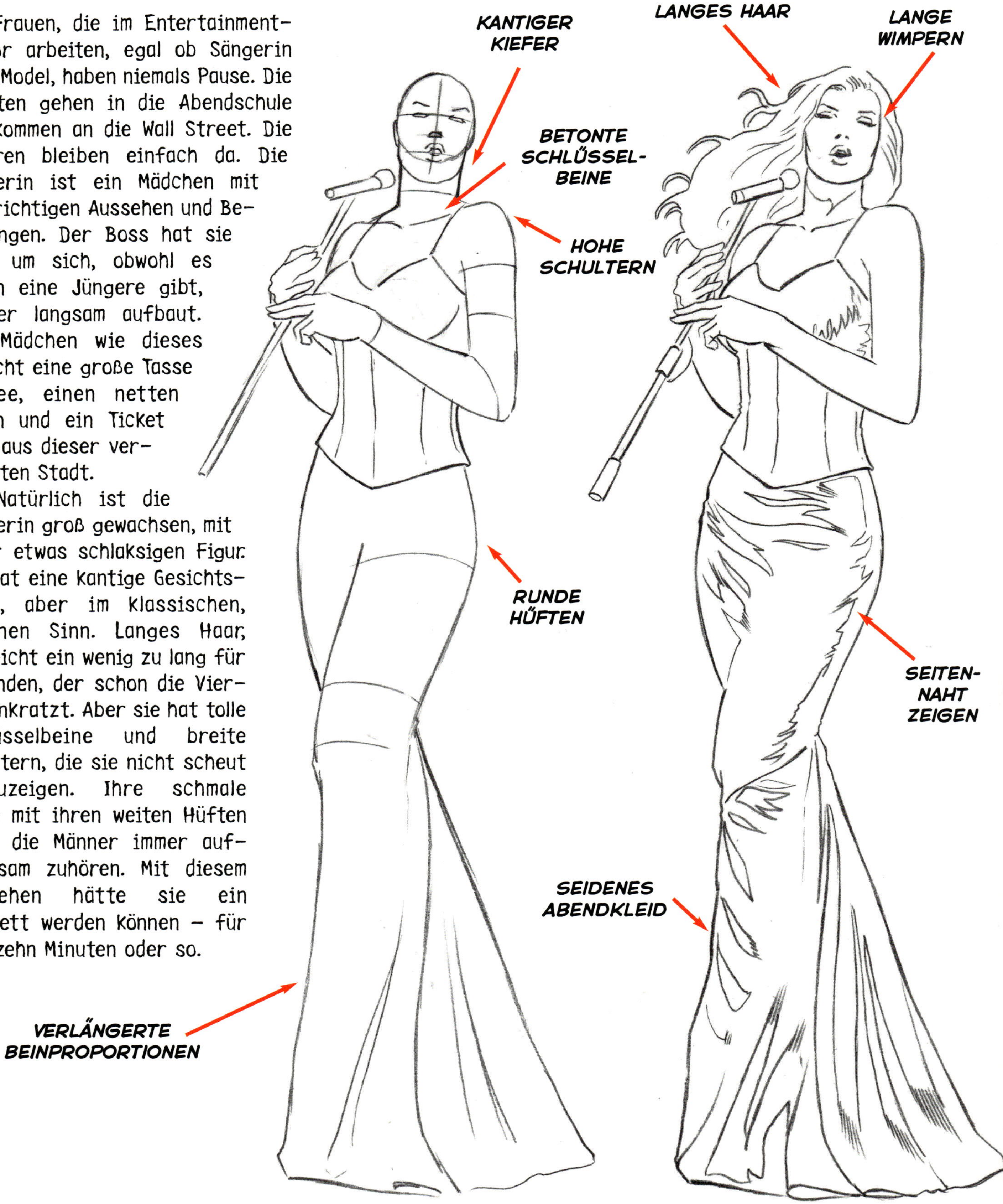

MAN SIEHT, WAS AUS IHREM LEBEN GEWORDEN IST. SIE WURDE VON DER HAUPTATTRAKTION ZUR NEBENROLLE. DIE JUNGS VOM BOSS ERWARTEN EINEN TYPEN, UND SIE IST EIGENTLICH NUR DA, UM IM NOTFALL DECKUNG ZU BIETEN. HIER GIBT'S KEINEN, DER AUF IHRE STIMME ACHTET.
BEACHTET, DASS DIE TYPEN AM TISCH AUCH IM INNENRAUM UND NACHTS SONNENBRILLEN TRAGEN. DAS IST EIN MARKEN-ZEICHEN DER GANGSTER. DENKT AN DEN TIPP, WENN IHR CHARKTERE ENTWERFT.

FANG NICHTS MIT SEINEM MÄDCHEN AN

Zappelt ein Mädchen schon am Haken eines anderen, ist es gefährlich, wenn sie ein Auge auf dich geworfen hat. Ist sie auch noch überaus attraktiv, ist dein Leben keinen Pfifferling mehr wert.

Das ist die klassische Pose, einen Mann heiß zu machen. Ihr ist es egal ob ihr Freund zuschaut, während sie den Mann auf der anderen Seite des Raumes anmacht. Für sie geht es nur um Macht.

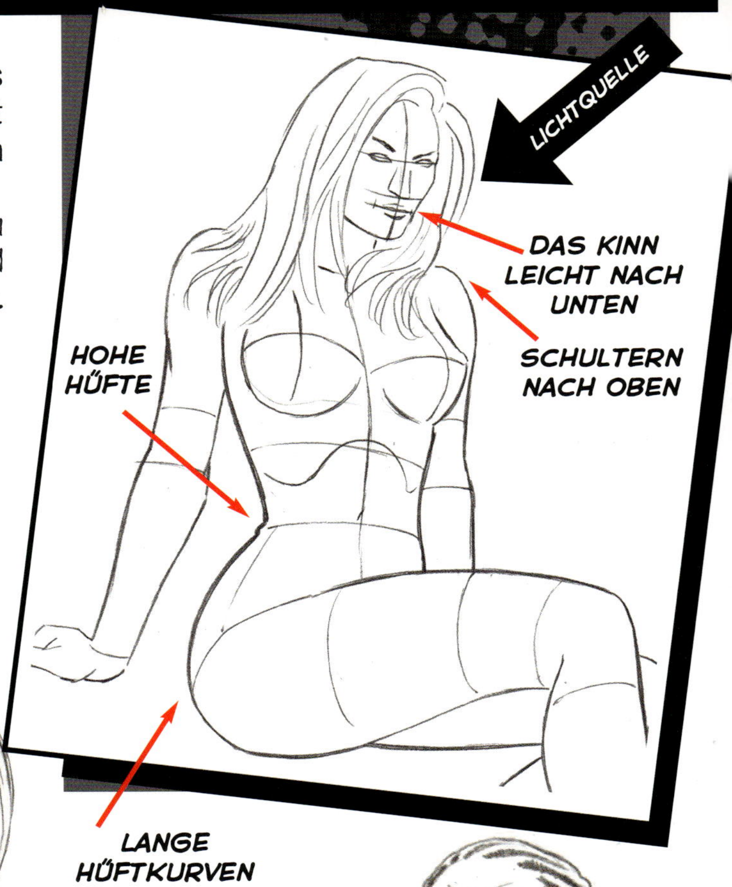

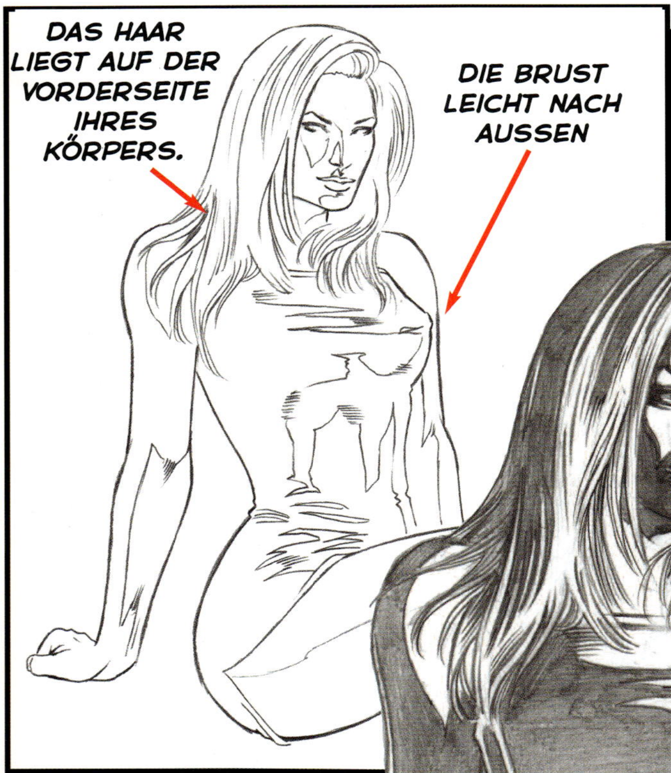

NA, WIE WÄR'S MIT UNS BEIDEN?

Auf ihre Harley aufspringen? Na logisch. Ich schätz mal es braucht circa zwei Wochen, um euer Leben umzukrempeln und sich ganz in ihr zu verlieren. Dann rückt sie damit raus, mit irgendeinem Plan, den sie hat. Jemand ist darin involviert, der ihr ein Unrecht angetan hat, und ihr wollt, so verknallt wie ihr seid, die Dinge geraderücken. Ihr Exmann ist steinreich und hoch versichert. Ihr lebt in Zukunft im Luxus, an einem Ort wo euch niemand findet. Wenn ihr smart seid, schiebt ihr in letzter Minute alles auf sie, aber ihr spielt ein gefährliches Spiel. Alles kommt darauf an, wer von euch schlauer ist. Na Leute, wer wird das sein?

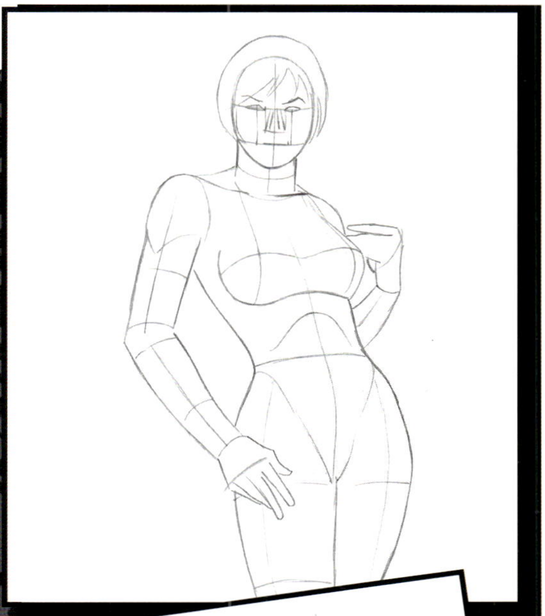

HÜFTEN NACH VORNE, ABER ZÜRUCKGELEHNT IN EINER VERFÜHRERISCHEN POSE.

SIE SIEHT DEM LESER DIREKT IN DIE AUGEN: WEITERE VERLOCKENDE TECHNIK.

STEHENDE POSE – MIT ATTITÜDE

Männliche Charaktere beziehen ihre Kraft aus den Schultern, daher setzen Künstler sie in Posen mit vielen Körperdrehungen, die die Schultern betonen.

Bei Frauen ist die Hüftbewegung entscheidend für die Körperhaltung, also werdet ihr dies auch für eure Zeichnungen verwenden. Um zu erreichen, dass die Hüften sich dynamisch bewegen, lasst ihr sie nicht drehen, nein, ihr hebt die eine an und lasst die andere sich absinken.

Wie funktioniert das? Wenn ihr euer Knie durchdrückt, streckt sich euer Bein und das drückt die Hüfte hoch. Um das zu kompensieren, geht die andere Hüfte nach unten, und das wiederum lässt das Bein am Knie abknicken. Das Resultat ist ein dynamischer Look. Manchmal fallen die Schultern in entgegengesetzter Richtung ab, um eine Balance herzustellen. Dies alles schafft einen attraktiven Look.

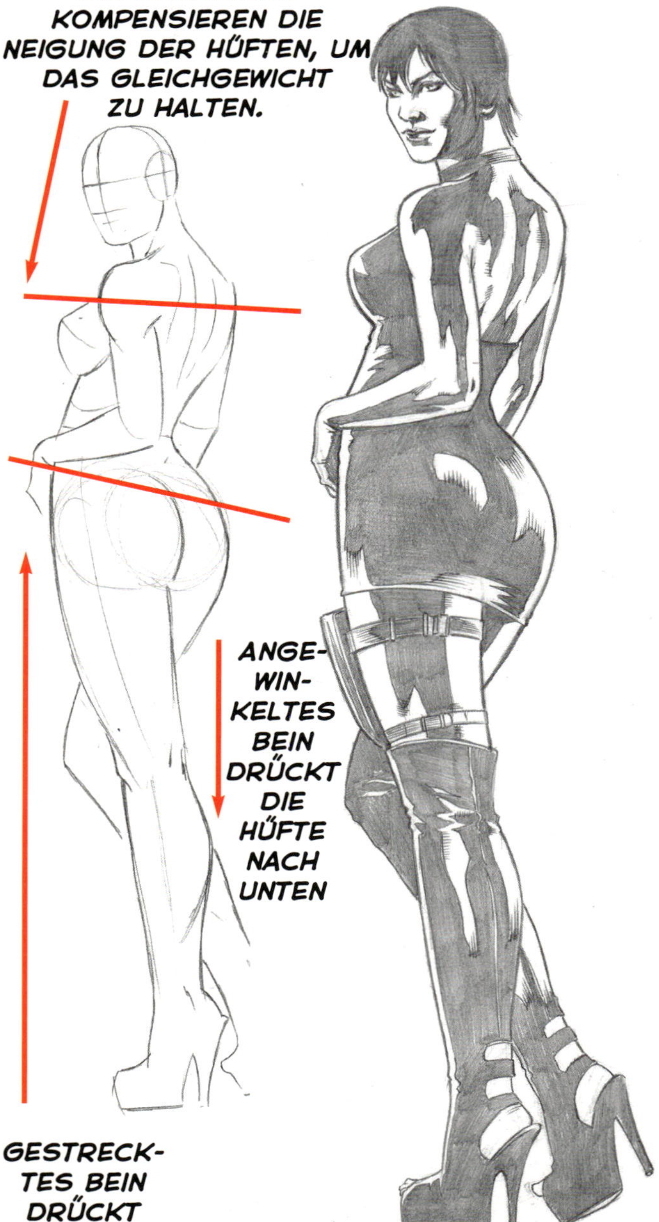

Gemeinsamkeiten in einer Pose vermeiden

Gemeinsamkeiten treten auf, wenn sich zwei Körperteile jeweils im anderen "spiegeln": Schaut euch ihre Arme an. Der erhobene befindet sich in einem 90°-Winkel, während der untere in einem stumpfen Winkel ist. Das verhindert, dass der eine Arm wie ein Spiegelbild oder eine Wiederholung des anderen aussieht. Wiederholungen bei Gliedmaßen erwecken beim Leser den Verdacht, dass dem Künstler die Ideen ausgegangen sind und er die Figur duplizieren muss.

Auch die Beine variieren, eines ist gestreckt das andere angewinkelt.

NACHDRÜCKLICHE POSE: VON HINTEN

Wenn ihr in einer Schlange in der Bank ansteht und sie in den Raum stürmt um allen zu sagen, sich gefälligst auf den Boden zu legen, solltest du sämtliche Vorbehalte gegen weibliche Autorität schleunigst aufgeben.

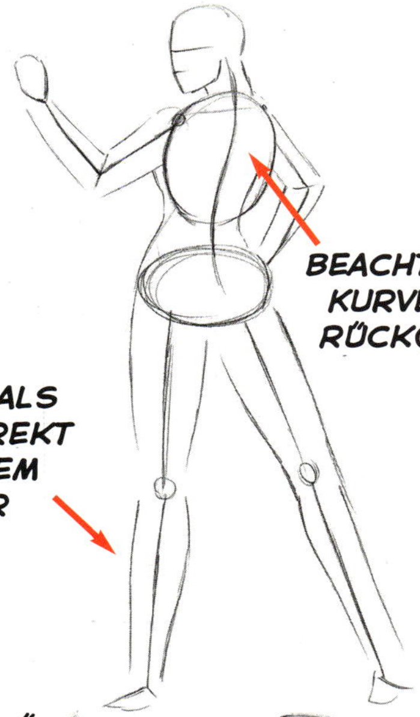

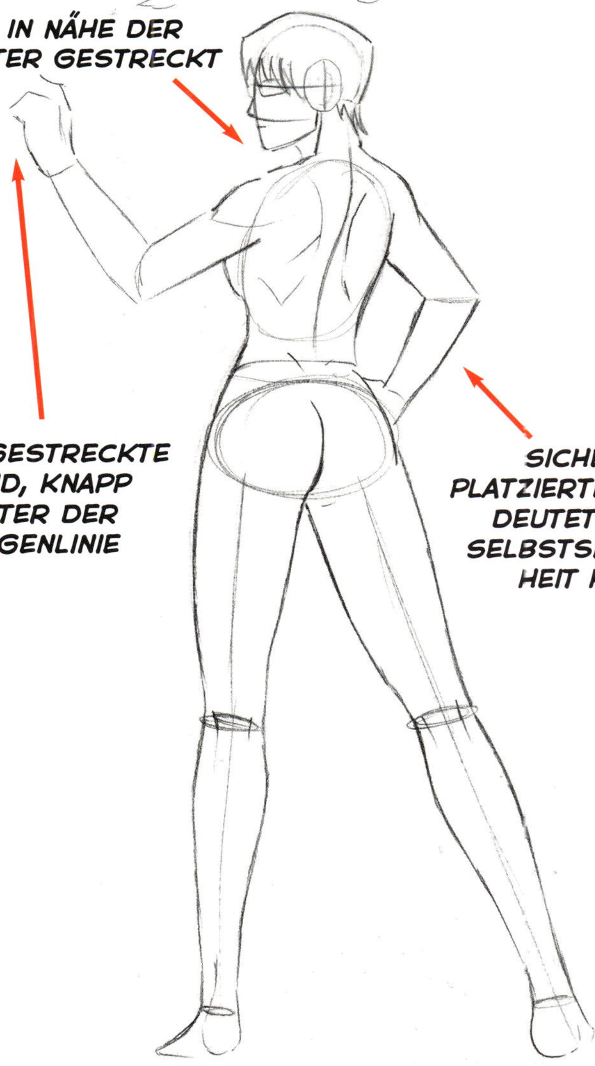

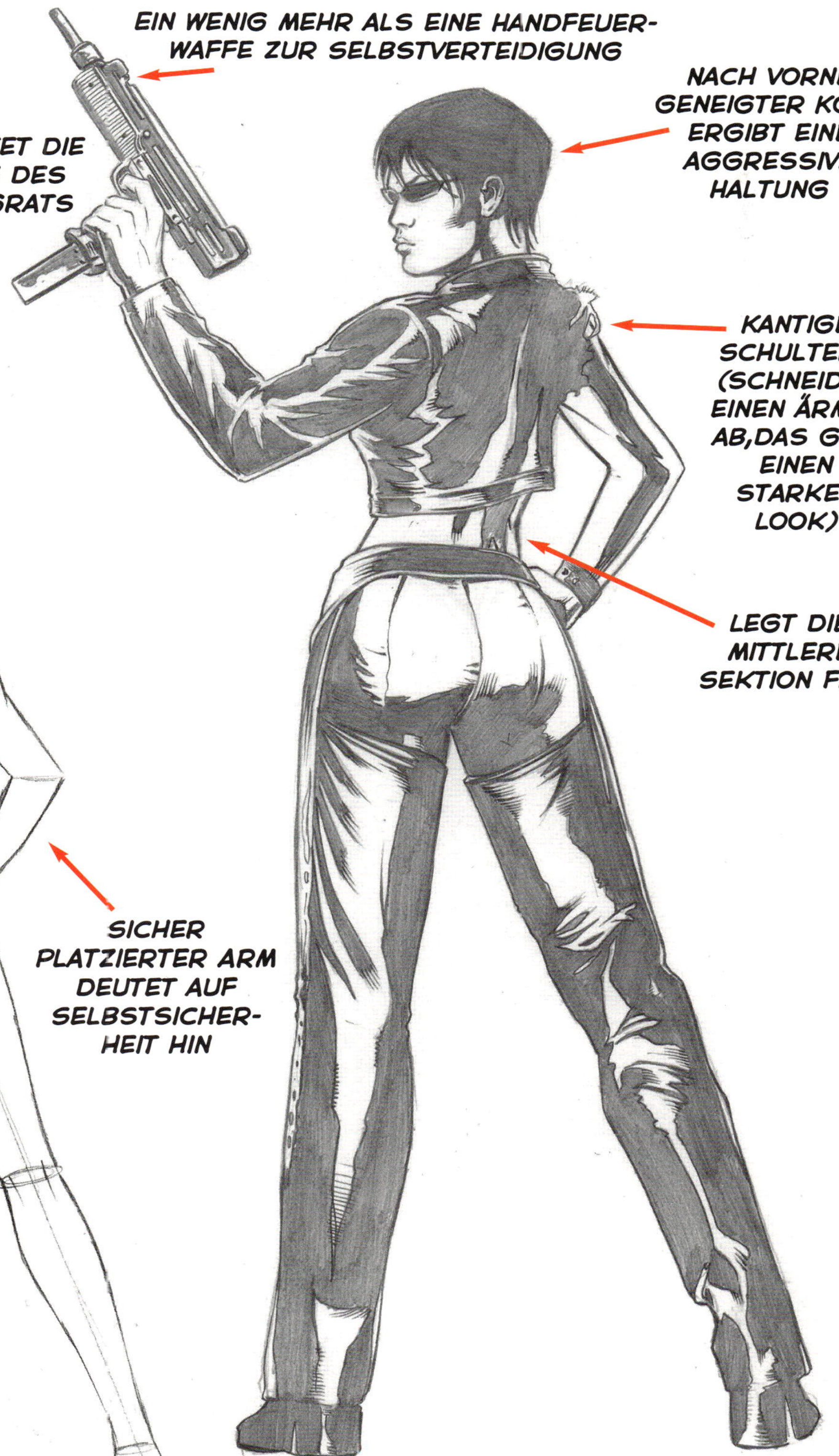

MÄDCHEN BEI DER ARBEIT

Die Mädchen, die auf der Straße arbeiten, sind nicht die Mädchen, die ihr eurer Mama vorstellen würdet. Aber so schlimm sie auch sind, sie sind nichts gegen die Typen, die nachts die Boulevards durchstreifen. Diese Mädchen wissen nie wo sie als nächstes landen, wenn sie die Beifahrertür aufmachen. Manchmal geht die Tür zu und nie wieder auf.

Gleißendes Neonlicht, Schilder von Stundenhotels und flackernde Straßenlampen merzen das letzte bisschen Gute aus der Lebensplanung, wenn mal was passiert. Bis jetzt ist jedoch noch nicht klar, was passieren muss, damit sie ihren Job aufgeben.

Scharfsinn ist nicht ihre Stärke. Die Kleider sind eng und betonen jede Kurve. Die Arbeit ist schwierig, aber irgendwer muss sie ja machen. Obwohl nicht eure bevorzugte Hauptdarstellerin in Comics und Comicromanen, ist die Prostituierte doch unverzichtbar zur Gestaltung von Szenen in den Rotlichtvierteln, am Straßenrand der zerplatzten Träumen, im Nachtleben eurer Stadt.

DIE GRUNDLEGENDE AKTIONSLINIE

DIE POSE HERAUSARBEITEN

KOSTÜME UND ACCESSOIRES HINZUFÜGEN

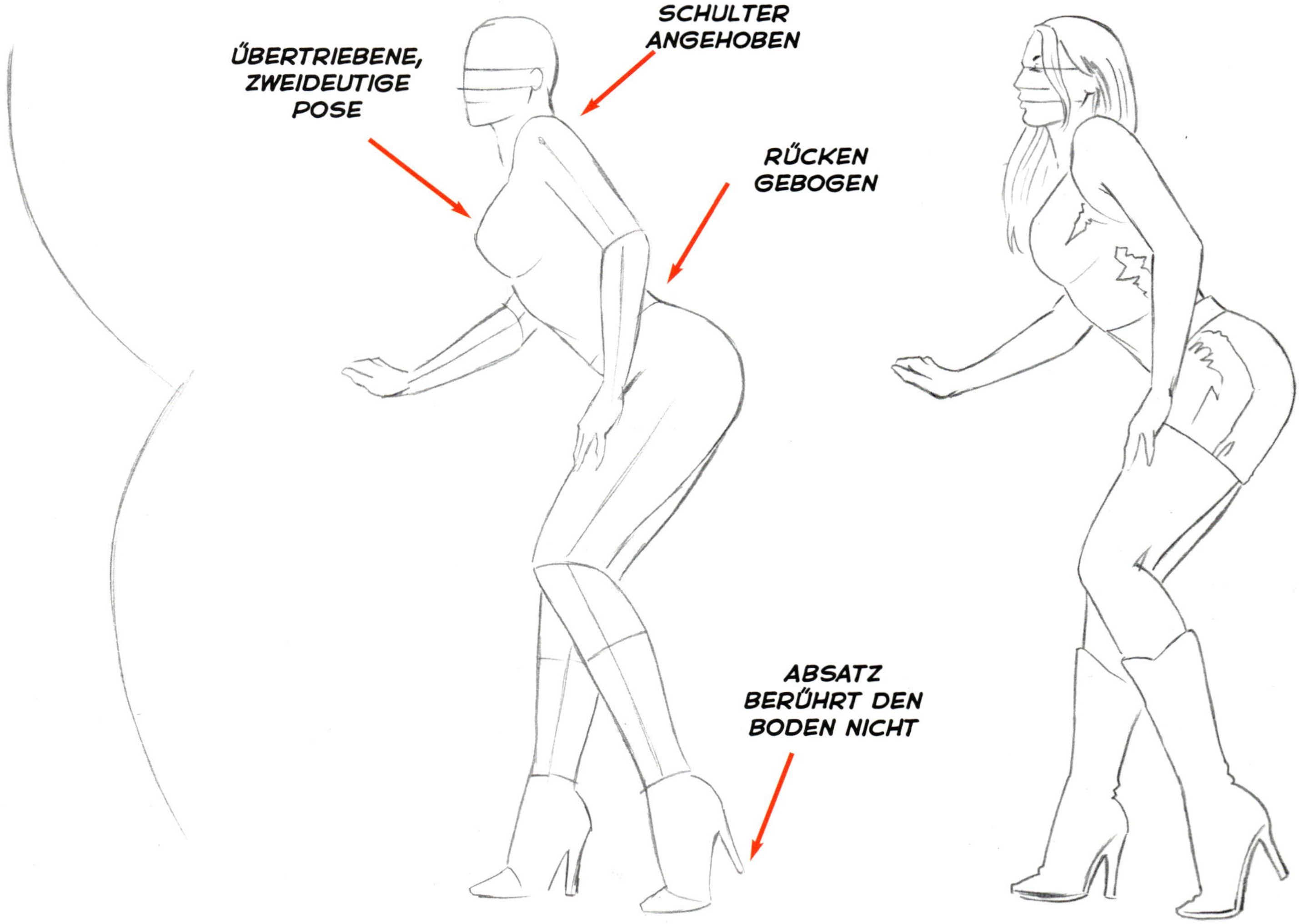

Kaffee und Zigaretten

Wir verabschieden uns mal eben von den sündigen Frauen, treffen sie aber später wieder. Es gibt mehr davon später im Buch, sie sind überall in den kommenden Kapiteln verstreut. Wir haben noch andere Sachen abzuhandeln. Lasst uns noch einmal einen Blick riskieren bevor wir weiterziehen. Ich zeig euch ein paar subtile Sachen die ihr verpassen könntet. Dinge, die Magie hervorrufen, die Aura des Moments einfangen. Die kleinen Dinge. Die glühenden Zigaretten. Der Dampf, der von einer Tasse Kaffe aufsteigt, sich seinen Weg an zwei wunderschönen Augen vorbei bahnend. Es sind diese vollendeten Zusätze, die eurer Arbeit den letzten Schliff geben.

Die Flamme eines Feuerzeugs

Das Flackern einer Flamme ist ein guter Eisbrecher, um die Aufmerksamkeit einer Frau auf sich zu ziehen. Das Feuer bringt ein dramatisches Element in eine Szene, die sonst nur schwach beleuchtet wäre. Die behandschuhte Hand ist auch ein schöner Einfall.

Kerzen und Vorhänge

Das Schlafzimmer ist durchdrungen von einer speziellen Mystik.

Requisiten in einer Handtasche

Lippenstift, Puderdose und eine Samstagnacht-Überraschung. Nicht nötig, ihre guten oder bösen Intentionen auszusprechen – ein wenig Spiel mit dem Feuer macht jede Szene reizvoller.

Aschenbecher und Konversation

Die Länge der Gespräche am Telefon wird durch die Anzahl der gerauchten Kippen im Aschenbecher gezeigt.

Dampfender, heißer Kaffee

An einer Tasse Kaffee zu nippen, gibt euren Charakteren etwas zu tun, wenn sie sich unterhalten. Es erlaubt der Szene, zu verweilen, wie zwei Verliebte, die sich in die Augen schauen.

Männerhemden

Button-down-Hemden von Männern sehen verführerisch an Frauen aus, die sonst nichts anhaben.

High-Heels

Eine Nahaufnahme einer Frau in High-Heels ist gut, um eine Szene einzuleiten. Es sieht sofort sexy aus, ist aber latent gefährlich. Ihr wisst nicht wer da kommt, aber dass sie wegen irgendwas kommt ist klar – meist nichts Gutes. Beachte den langen Schatten.

Die Einsamkeit des kostümierten Helden

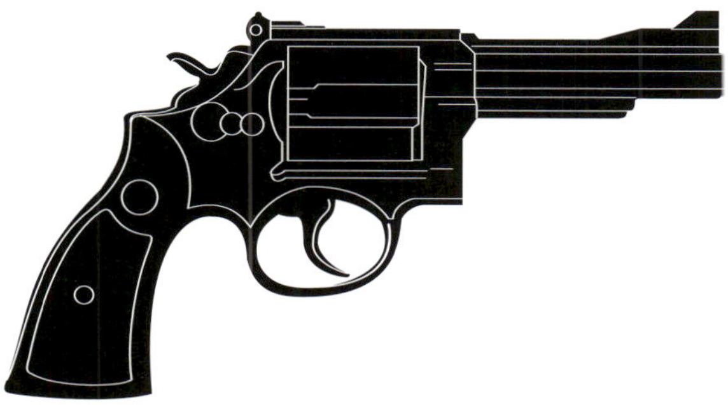

4

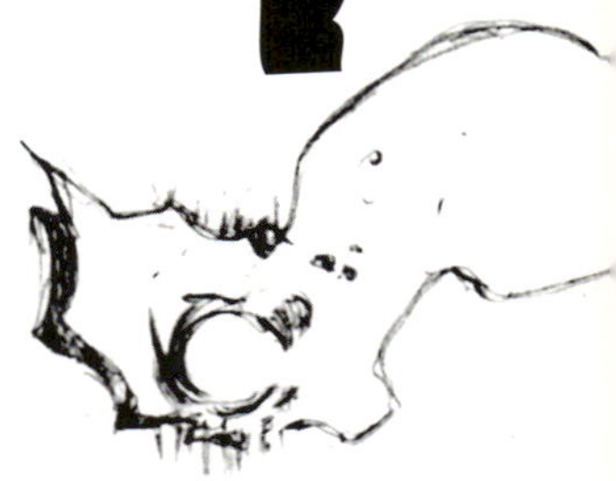

Während der Schnee fällt, schaut jemand von den Dächern der Stadt herunter. In den Stadtvillen der Park-Avenue wird der Ferienbeginn gefeiert, aber ein Mann steht abseits, gehört nicht dazu. Das ist sein Job. Er hat sich nicht darum gerissen. Aber es gibt keinen anderen, der die Arbeit erledigt. Er arbeitet außerhalb des Gesetzes, er bringt Gerechtigkeit in eine korrupte Stadt. Was will er? Bewunderung? Mitleid? Alles, was er will, ist vergessen, und das Einzige, an das er sich erinnern kann, ist das Böse. Das Böse, das alles zerstört hat, was er jemals liebte. Es muss aufgehalten werden.

Der Kostümierte Held ist wahrscheinlich die gequälteste Seele des Crime Noir, ein heimlicher Überläufer aus dem Actiongenre, wo Gerechtigkeit und Wagemut groß geschrieben werden. Dieser Held ist eine tragische Figur. Er kämpft durch seinen Hass, und nicht für Liebe und Gerechtigkeit. Er hegt Verachtung gegen alles Gute und ist dennoch immer einen Millimeter davon entfernt, das zu werden, was er am meisten verachtet. Genau diese Zweideutigkeit macht seinen Charakter so faszinierend, so unwiderstehlich ... so beunruhigend.

DER AUSDRUCK DES HELDEN

Die Emotionen und Mienen des im Noir-Stil kostümierten Helden müssen sowohl stark wie auch persönlich sein. Unabhängig davon, was der Charakter fühlt, es muss sichtbar werden, dass es nur eine Erfahrung sein kann, die so tief und nachhaltig ist, dass es keine Person gibt, die die Lücke zwischen ihm und dem Rest der Menschheit schließen kann.

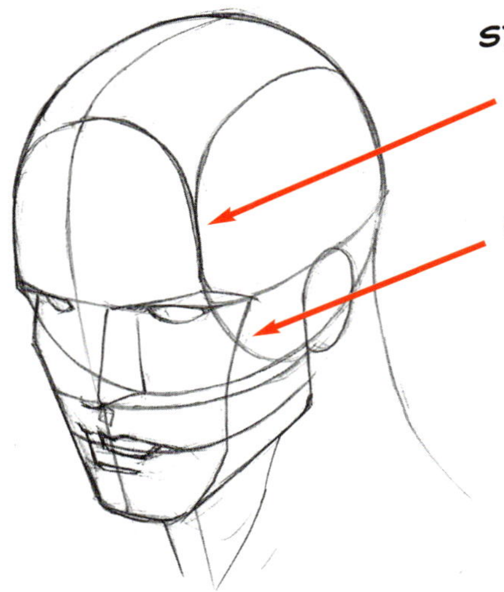

NACHDENKLICH

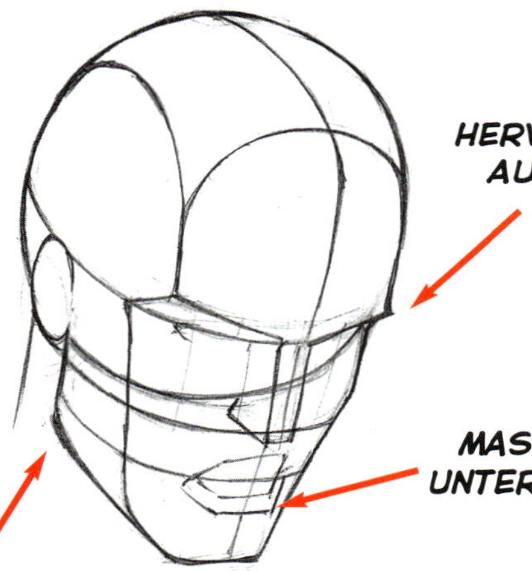

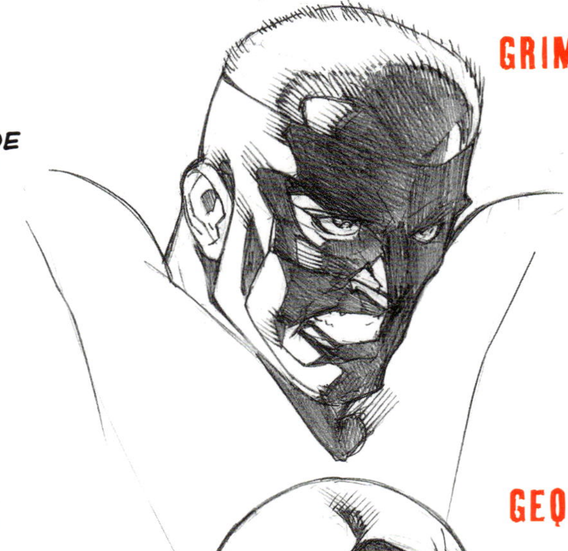

GRIMMIG

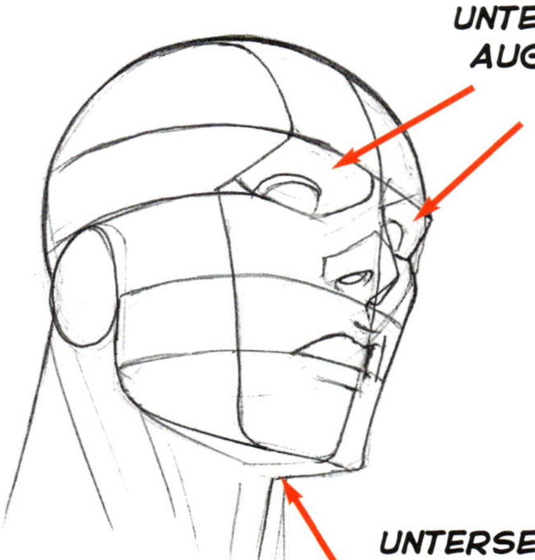

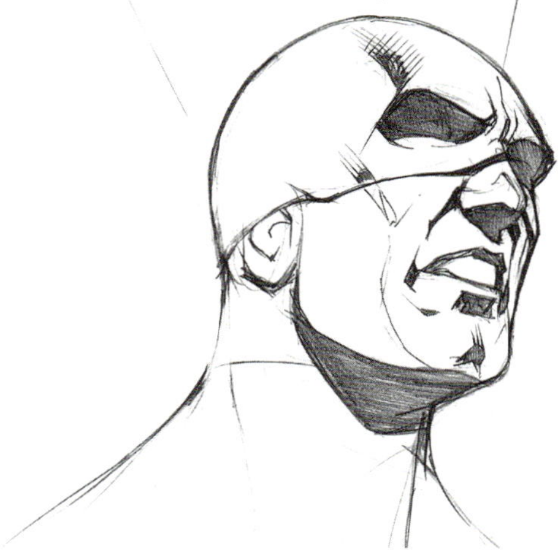

GEQUÄLT

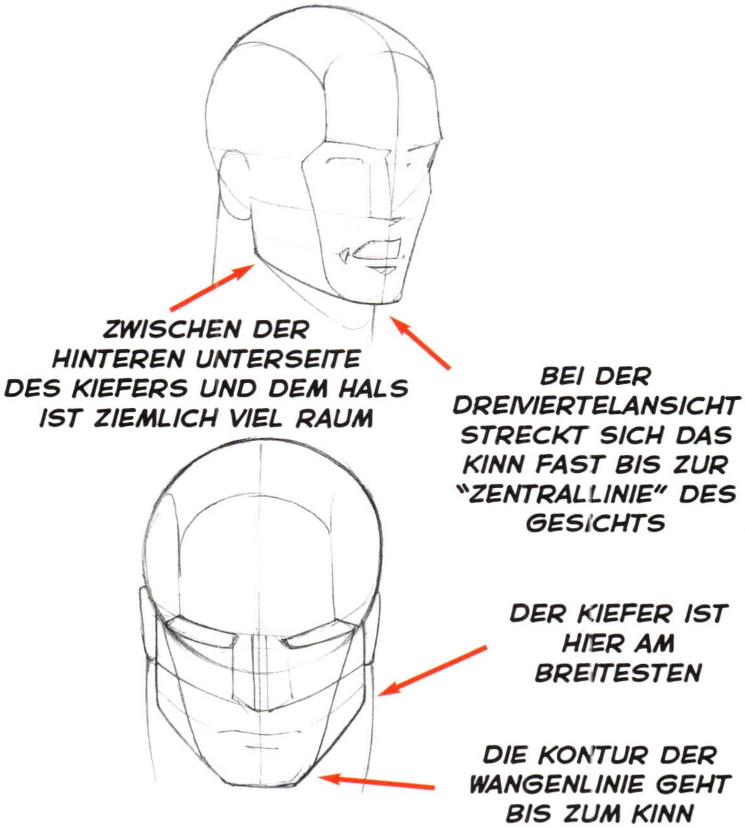

ANGESTAUTE WUT

BEREIT SEIN

Zusammengebissene Zähne

Zusammengepresste Zähne werden für den spannungsgeladenen Ausdruck explosiver Gefühle verwendet. Comic-Profis zeichnen Zähne weiß glänzend und perfekt aufeinander abgestimmt..

Fangt damit an, drei Basislinien zu zeichnen: den oberen Teil der Zähne, die Mitte, in der sie sich treffen, und den unteren Teil.

Zeichnet den Umriss des Mundes und des Zahnfleisches. Beachtet dass die oberen und unteren Zahnreihen leicht gebogen sind, da der Mund selber ja auch gebogen ist. Es ist keine gerade Linie, vielmehr umspielt der Mund das Gesicht.

Entfernt nun die Trennungslinien, zwischen den Mittelzähnen – wie hier in dem Beispiel. Dann strahlen sie.

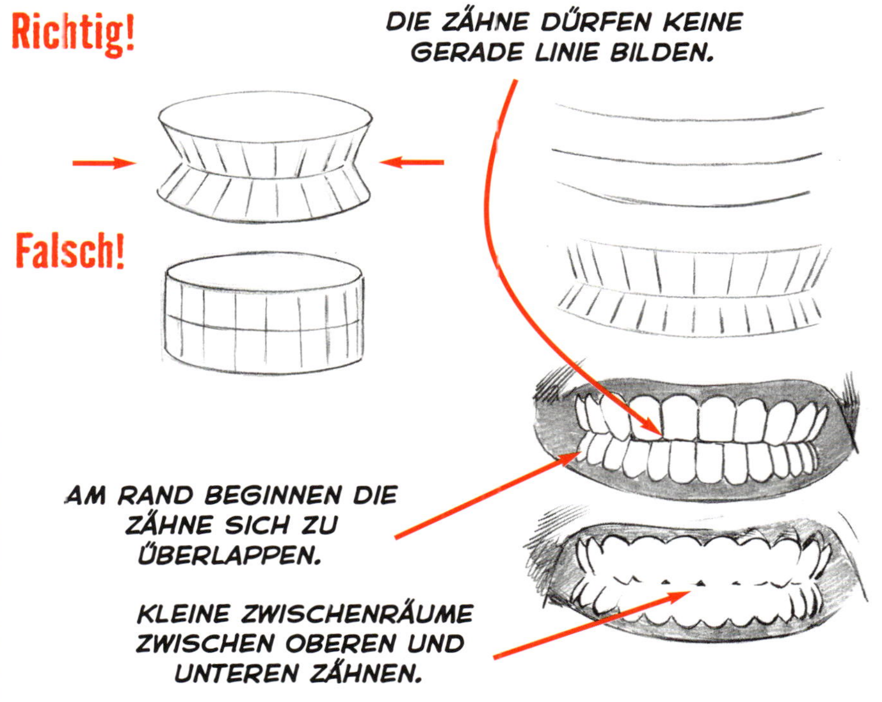

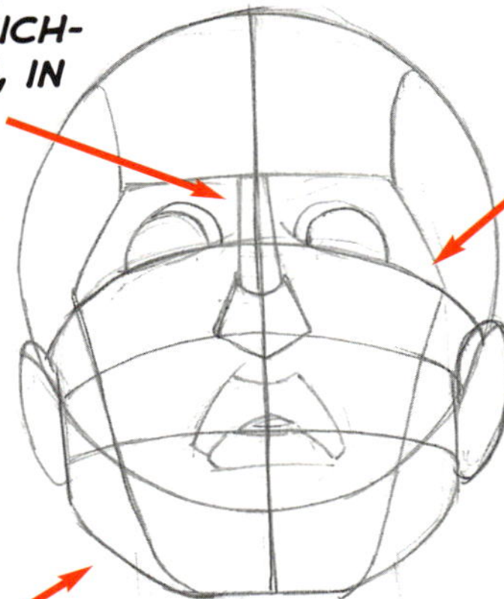

SEHNSÜCHTIG

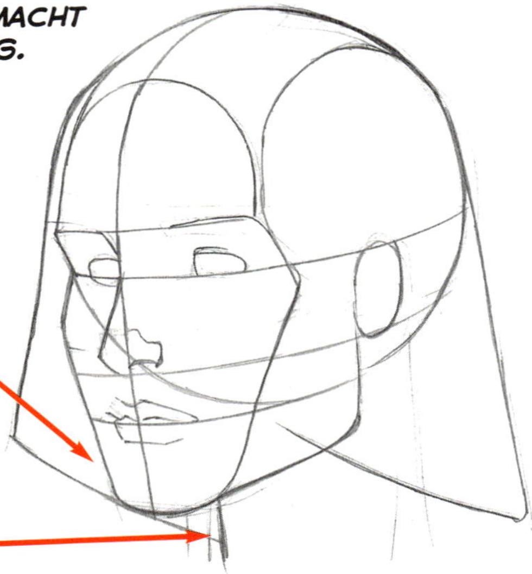

BEDAUERND

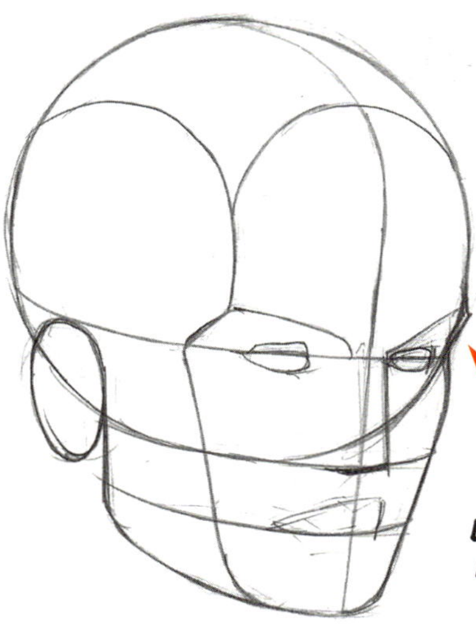

EIFERSÜCHTIG

WENN DER KOPF NACH UNTEN GENEIGT IST, WIRD DIE AUGENLINIE IN EINER AUFWÄRTSKURVE GEZEICHNET.

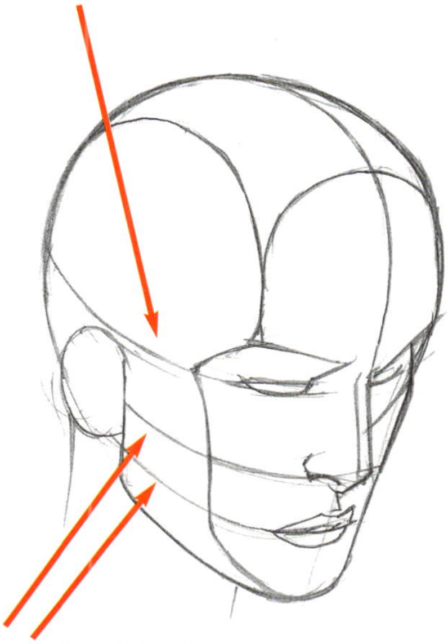

ALLE ANDEREN FÜHRUNGSLINIEN WERDEN AUCH IN EINER AUFWÄRTSKURVE GEZEICHNET.

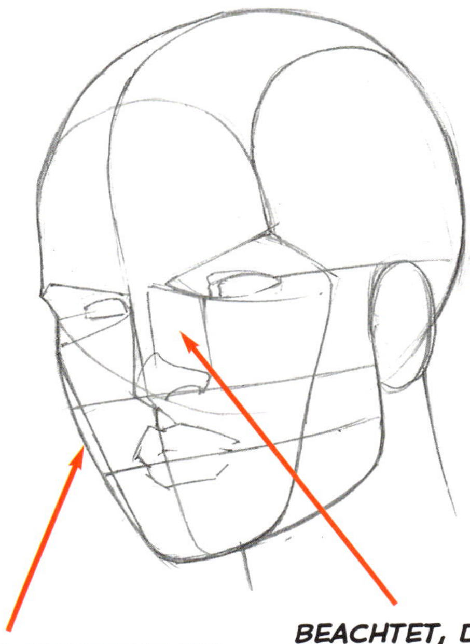

UM WEICHHEIT ZU ERZIELEN, KANN MAN DAS GESICHT WEITER AUSARBEITEN.

BEACHTET, DASS DIE NASENSEITE EINE RECHT GROSSE FLÄCHE HAT.

DIE DUNKLE SEITE DER SEELE

Böser oder guter Junge? Bei den herkömmlichen Actioncomics liegt die Antwort in der Kostümierung. Die Kostüme der bösen Jungs sind meist etwas ausgefeilter.

In der Crime-Noir-Kunst sind es die Schatten, die die inneren Dämonen verraten. Hier sind einige abgebrühte, in Schatten getauchte Gesichtsausdrücke.

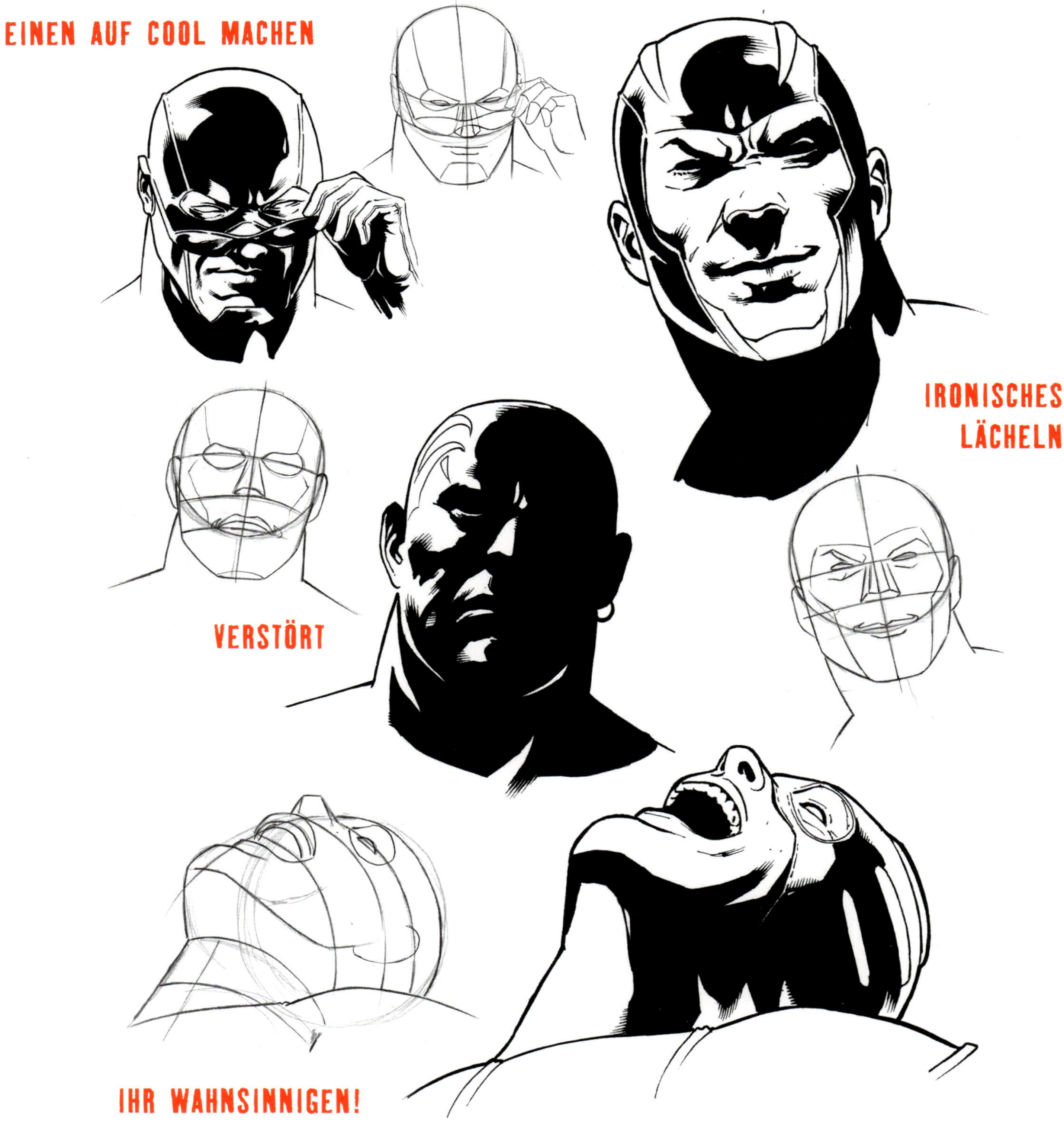

KLASSISCHE NOIR-POSEN: DER URSCHREI

Wenn der Schmerz des Zorns zu groß wird, bricht aus dem Mann ein Urschrei heraus und löst eine wahre Flut brutaler Emotionen aus. Diese Raserei ist entweder der Vorbote einer bösartigen Attacke oder die Gorillaversion eines primitiven Siegestanzes. Egal was, in diesem erschreckenden Moment verlässt unseren Helden jegliche Zurechnungsfähigkeit, er wird von Gefühlen übermannt, die er nicht mehr kontrollieren kann. Jede Sehne seines Körpers ist zum Zerreißen gespannt. Er ist im wörtlichen Sinne durchgeknallt. Er tötet seine Feinde selbst dann, wenn er sie nur bändigen will.

Diese Pose, die Arme nach außen gestemmt, bereit etwas zu zerquetschen, ahmt den Silberrückengorilla nach. Jeder einzelne Muskel ist angespannt und zusammengeballt.

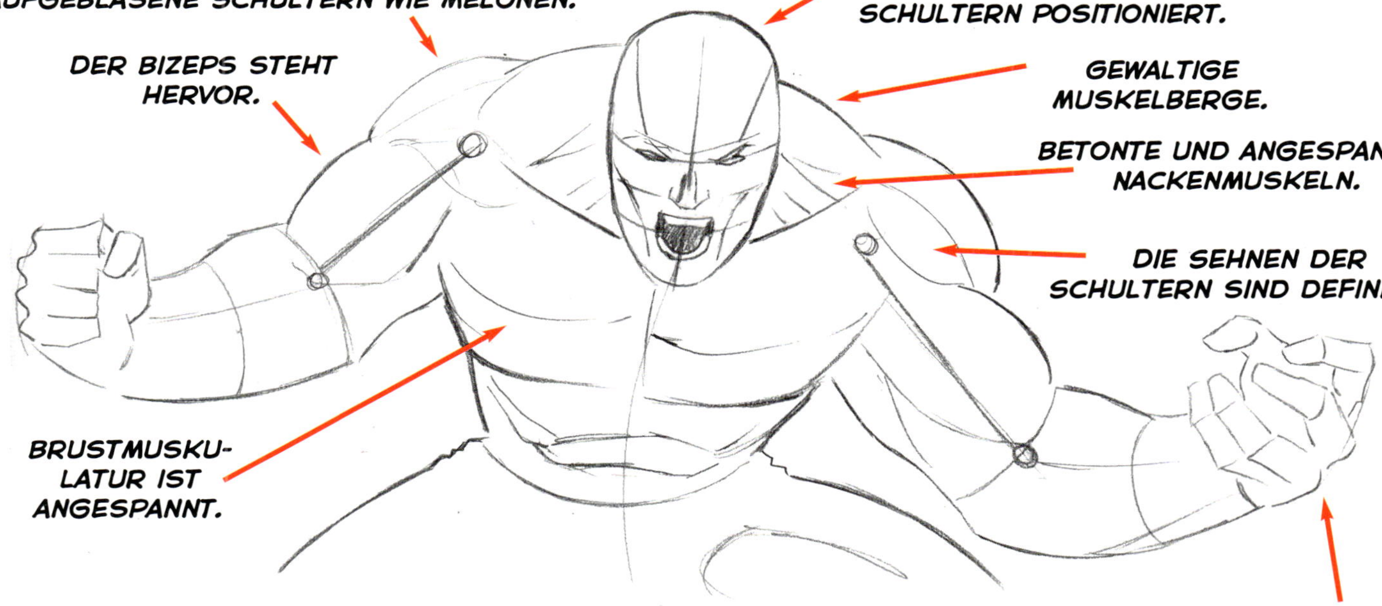

KLASSISCHE NOIR-POSEN: DER UNHEIMLICHE HELD

Auserwählt, um die Welt zu retten, nur nicht sich selbst. Das ist das Fundament, auf dem die Noir-Helden gebaut sind. Sein unheimliches Wesen gründet nicht auf Selbstmitleid, sondern auf Selbstbewusstsein. Seine Seele spürt weder Freude noch Schmerz. Er wird zu einer mythischen Figur, die sich für das Heil der anderen opfert, aber selbst um nichts bittet. Warum macht er das? Die Antwort liegt in der Frage: Was wäre seine Alternative?

Die unheimliche Figur ist von Schatten umhüllt. Der Schatten ist eine Maske, die den Leser davon abhält, in das Innere der Gedanken und des Herzens dieses Helden zu blicken. So wie keiner hinter die Fassade von Raymond Chandlers berühmtem Noir-Detektiv Philip Marlowe schauen konnte, wird auch unsere Wahrnehmung vom kostümierten Helden begrenzt durch die Mauer, die er zwischen sich und seiner Menschlichkeit aufrichtet.

KLASSISCHE NOIR-POSEN: EINE UNMÖGLICHE LIEBE

Er kann sie retten. Er kann sie trösten. Er kann und wird sie immer beschützen. Er kann sie zart berühren und ihre Tränen wegwischen. Aber er kann sie niemals lieben. Sein Herz ist zu hart, um es jemandem so unschuldigen zu schenken. Er will sie nicht mit den Feuern, die seine Seele verbrennen, belasten. Sie kann das nicht verstehen und sie wird es auch nie verstehen.

Wenn ihr zwei Liebende zeichnet, macht es so, dass er sie mit soviel ritterlichem, politisch inkorrektem und siegreich romantischem Heldenmut beschützt, wie ihr hervorrufen könnt. Im Gegenzug schmiegt sie sich in seine Arme, geschützt und ohne Angst, während seine Wachsamkeit den vor ihnen liegenden Gefahren gilt.

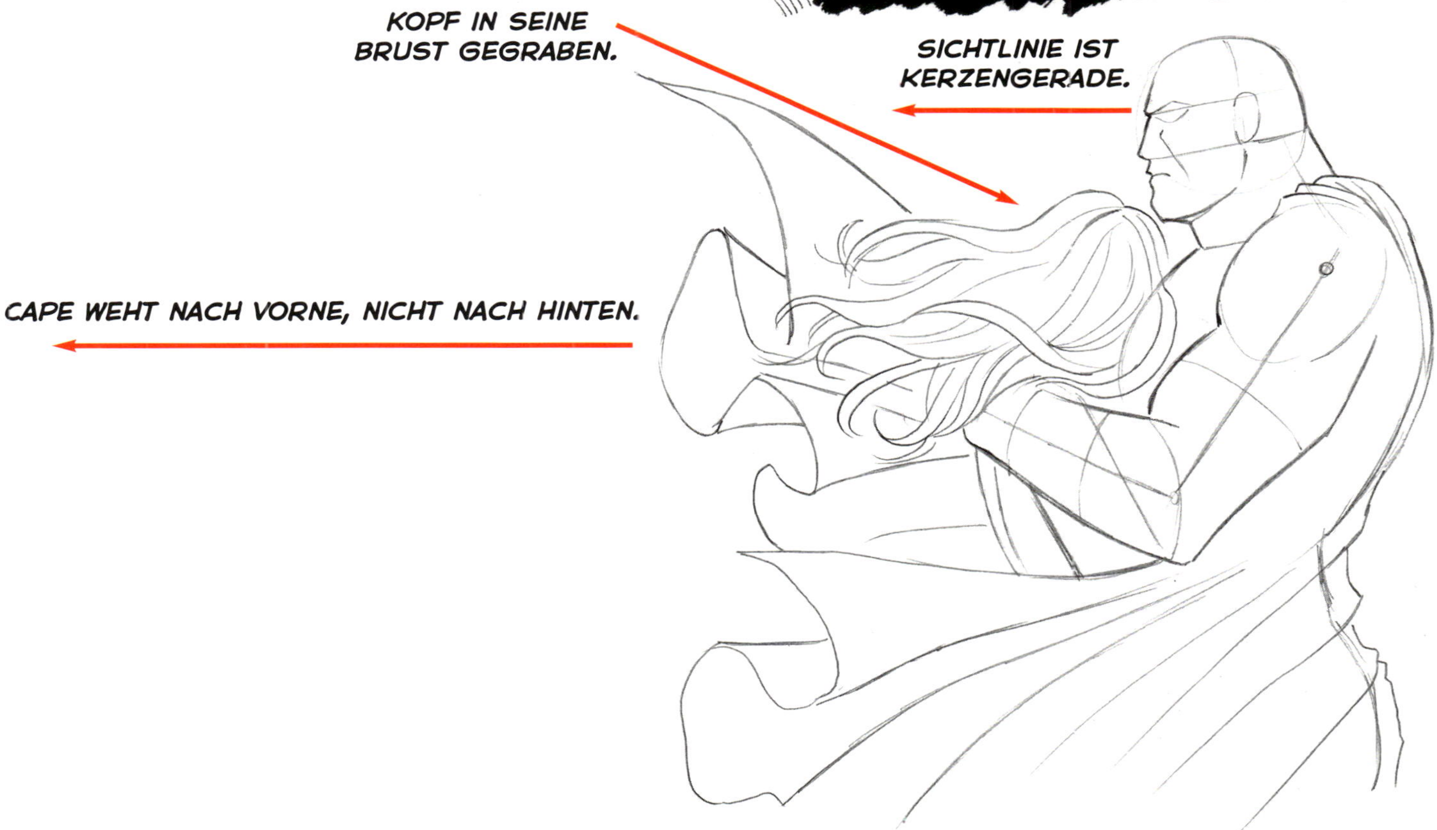

DAS INNENLEBEN DES KOSTÜMIERTEN HELDEN

Im Gegensatz zum "Bumm!", "Peng!", "Kawumm!" des üblichen Actioncomics, fokussiert sich das Crime-Noir-Genre auf das Menschliche des Actionhelden.

Im zivilen Leben kann der kostümierte Held erfolgreich und charmant sein. Das alles ist für ihn aber nur oberflächlich, denn die Anforderungen in seinem geheimen Leben als Verbrechensbekämpfer sind um vieles höher. Zunächst hielt er sich für einen guten Menschen. Er tat jedoch so viel Schlechtes aus gut gemeinten Gründen, dass er sich selbst nicht mehr richtig kennt und nicht mehr weiß, wo er hingehört. Also ist er, sogar in einem überfüllten Hotelraum, auf seiner eigenen Wohltätigkeitsveranstaltung, ein einsamer Mann. Sowie die Nacht über die Stadt kommt, kann er den kalten Wind pfeifen hören. Ärger zieht auf. Und nur ein einziger Mensch kann ihn aufhalten.

Sehen wir uns ein paar Beispiele an, die das Leben des kostümierten Crime-Noir-Helden beschreiben. Die Szenen sind klar gestaltet und zeigen unterschiedliche Charaktere. Vereinfachte Skizzen sollen euch helfen, sie auszuprobieren.

WOHLTÄTIGKEITSBALL

Unser Held könnte ein wohlhabender Kunstmäzen sein, der zu einem exklusiven "5000-$-das-Gedeck"-Galadiner eingeladen wurde. Trotz der entzückenden Menschen, Karrieremacher und ungezählten Küsschen sind seine Gedanken woanders.

UNSER HELD IST IN DER MITTE DES BILDES, DER NATÜRLICHE ORT, DEN UNSER AUGE FOKUSSIERT.

HINTERGRUNDFIGUREN SCHAFFEN TIEFE.

DURCH DIE FIGUR, DIE IM VORDERGRUND NUR ANGESCHNITTEN ZU SEHEN IST, WIRKT DER REST DES BILDES TIEFER.

EINEN ALTEN FREUND BESUCHEN

Ein Besuch auf dem Friedhof gibt einer Geschichte Schwung und macht die Story pathetischer, was dieses Genre benötigt.

Der schräge Rahmen deutet an, dass etwas in Fluss und außer Kontrolle geraten ist. Diese Szene kann kaum so verstanden werden, dass der Held mit dem Tod seines besten Freundes im Reinen ist. Vielmehr zeigt das schiefe Bild eine aufkommende Wut, die sich bald in einen Racheakt entladen wird.

EIN SCHREI DER QUAL

Dies ist eine zeitlose Pose der Qual. Ja, er war rechtzeitig da, um die Stadt zu retten, doch für seine große Liebe kam er zu spät. Hört man den Schrei trotz des U-Bahn-Lärms?

GENEIGTER RAHMEN MIT EBENSOLCHEN VERTIKALEN ALS BETONUNG DER EMOTIONALEN AUFRUHR.

DIE FIGUREN BEFINDEN SICH EHER AM RAND DES BILDES, NICHT IN DER MITTE, DAS HÄTTE EINEN BERUHIGENDEN EFFEKT.

WAS DENKST DU, JOHNNY?

Wie kann er ihr seine Gedanken mitteilen, wenn er ihr nicht mal sagen kann, wer er ist oder was er nachts macht?

LASST RAUM VOR EINEM CHARAKTER, DER AUF ETWAS SCHAUT.

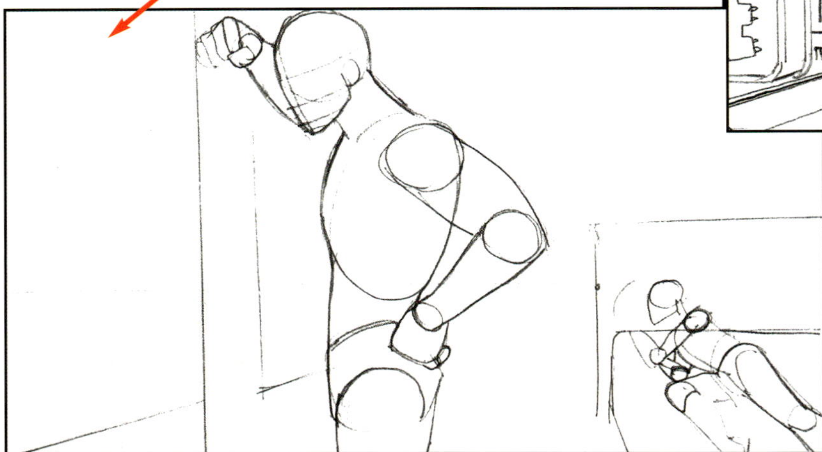

VARIIERT DIE GRÖSSE DER CHARAKTERE (DYNAMIK DES VORDER- UND HINTERGRUNDS), UM DEN MANGEL AN INTIMITÄT ZU REFLEKTIEREN.

TRÄUM SÜSS, BABY

Er bringt keine Blumen. Er ruft nicht einmal an. Aber verdammt noch mal, sie liebt ihn so oder so.

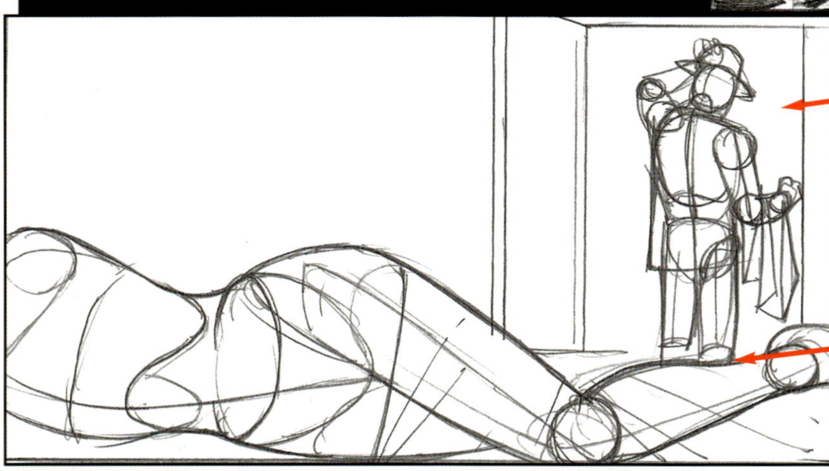

TÜRE BILDEN EINEN SCHÖNEN RAHMEN FÜR LICHTQUELLEN UND SILHOUETTEN.

DAS ÜBERLAPPEN DER KÖRPER VERMITTELT NOCH MEHR TIEFE.

ZUM SPRUNG BEREIT

Wenn unser Held auf den Dächern der Stadt Schwierigkeiten sieht, lehnt er sich über den Sims und blickt auf die Straße hinab.

EINE ECKE, DIE AUF ZWEI DIAGONALEN BASIERT, IST DYNAMISCHER ALS EIN HORIZONTALER SIMS.

DIE ABGEWINKELTE SZENE WIRKT BEDROHLICH. DER TIEFE WINKEL ZEIGT, DASS WIR VON UNTEN BLICKEN.

EIN BLICK IN DEN SPIEGEL

Ein Bild wie dieses zeigt ein Schlüsselmoment. Dialoge, Sprechblasen oder Überschriften sind überflüssig. Es ist eine Pause für die Selbstbeobachtung. Wer bin ich? Was habe ich getan? Werde ich geliebt? Der Spiegel sagt das alles.

DER BLICK ÜBER DIE SCHULTER IN DEN SPIEGEL ZEIGT EINE UMKEHRANSICHT

Selbstjustiz

5

Die Cops der Stadt sind alle korrupt. Den bösen Jungs gehören die Straßen und das wissen sie auch. Ihr könnt 110 anrufen und auf die Bullen warten, oder ihr macht es wie ich. Ich war dem Ganzen ein wenig überdrüssig. Einigen meiner Gefährten geht es ebenso. Wir nehmen es jetzt in unsere eigene Hand. Die Officers der Polizei scheinen unsere Bemühungen nicht zu mögen.

Es ist ganz einfach so, wenn ihr nachts durch meine Stadt geht und Ärger anfangt, werdet ihr Ärger ernten. Also, wenn ihr Kriminelle seid, auf der Suche nach einem simplen Bruch und ihr seht einen Obdachlosen in einem Mantel, das könnte ich sein, auf euch lauernd. Ist doch eine faire Warnung. Wir sehen uns.

EINEN DIEB AUSNEHMEN

Nur jemanden am Schlafittchen zu packen, zeigt noch keine brutale Gewalt. Man muss den Charakter so positionieren, dass er seinen Gegner bis über den Kopf hochhebt und ihn hart gegen die Wand drückt. Die Beine des Opponenten müssen herumwirbeln, um das Gefühl der Hilflosigkeit zu verstärken.

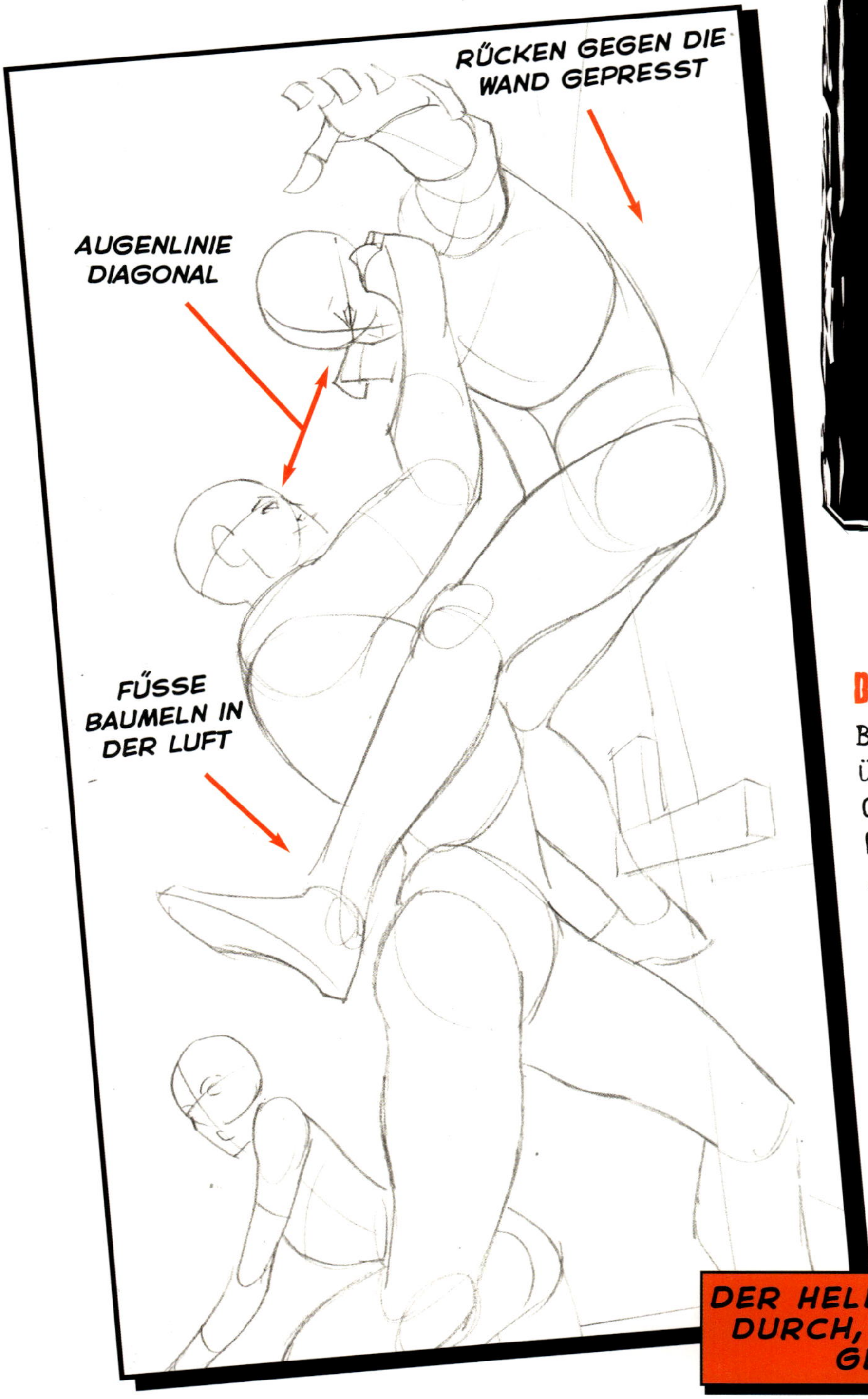

DER HELD BIEGT SICH NACH HINTEN DURCH, UM DAS GEWICHT SEINES GEGNERS ZU HALTEN.

Schritt für Schritt zur Reinzeichnung

In diesem Kapitel beschäftigen wir uns mit den einzelnen Schritten, die eine Buchseite durchlebt, bis sie fertig ist. Zuerst wird mit vereinfachten Figuren die Szene angelegt, dann die Charaktere durch Schatten und dunkle Flächen herausgebildet, endlich mit Tusche gezeichnet.

Jede Stufe muss abgeschlossen sein, bevor man zur nächsten übergeht. Derzeitig tendieren Bleistiftzeichner dazu, ihre Arbeiten selbst zu tuschen, dennoch ist es immer noch gang und gäbe, professionelle Tuschezeichner zum übertuschen der Originalbleistiftzeichnungen zu engagieren. Die Mehrheit der Tuschezeichner und Bleistiftzeichner sind immer noch spezialisiert und ich denk mal das wird auch immer so bleiben.

DIE SZENEN ENTWERFEN

Beachtet, dass, obwohl alle drei Charaktere si überlappen, es so gemacht wurde, dass alle dr Charaktere gut erkennbar sind. Die Arme d Helden verdecken nicht das Gesicht des bös Jungen. Die Arme und Beine des Gangsters lass die Sicht auf den Helden frei. Das Mädchen leh nach vorne und man kann sie sehr gut sehe Diese Art des Layouts geschah durch Zufall. braucht oft mehrere Ansätze und Korrekture um es richtig hinzubekommen.

DIE CHARAKTERE WEITERENTWICKELN

Während dieser Verfeinerungsstufe beginnt ihr damit, die Ausdrücke und Merkmale herauszuarbeiten und die Muskeln und Kostüme einzufügen. Erfahrenere Künstler kombinieren meist die beiden ersten Stufen. Die Hauptcharaktere werden von Beginn an detailliert gezeichnet und das Mädchen und die Gasse bleiben vereinfacht. Es ist euer Talent oder euer persönlicher Weg. Probiert diesen Standard aus, schaut aber trotzdem, was am besten für euch funktioniert.

DAS HERAUSKRISTALLISIEREN DER CHARAKTERE UND HINZUFÜGEN VON SCHWARZ

Bleistiftzeichner markieren die Seiten mit einem kleinen X für die Tuschezeichner, um ihnen zu zeigen welche Zonen geschwärzt werden müssen. Der Tuschezeichner kann dem Bleistiftzeichner nicht in den Kopf schauen und ohne diese kleinen visuellen Markierungen könnte der Tuschezeichner Gefahr laufen, die komplexeren Zonen nicht zu verstehen und Zonen weiß lassen, die schwarz sein sollten – und umgekehrt. Jede mit Bleistift schattierte Zone darf der Tuschezeichner auch schwarz ausmalen.

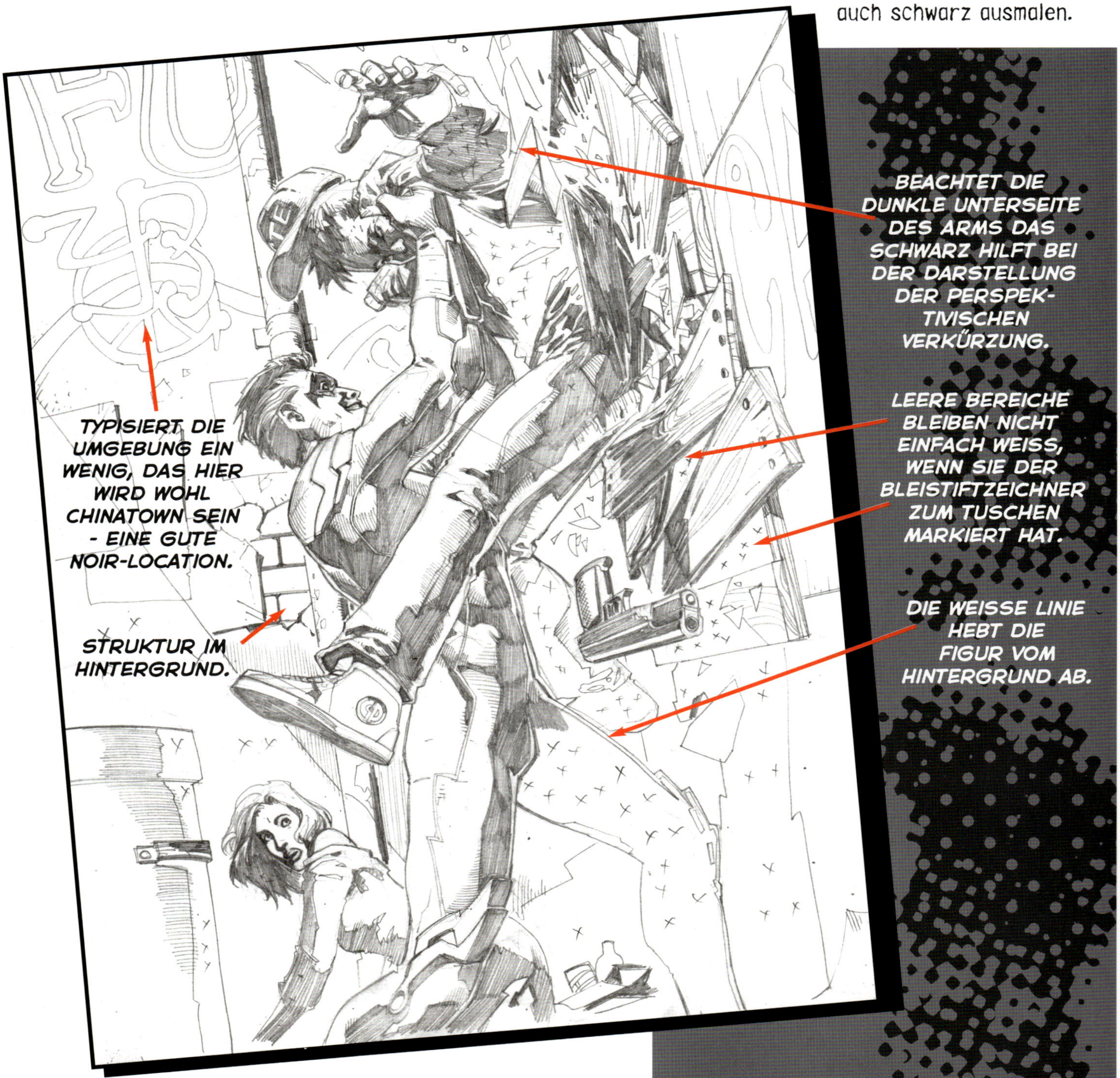

TUSCHE

Bevor der Held diesen zweitklassigen Punk ausknockt, lässt er sich etwas Zeit. Es gibt keinen Grund sich zu beeilen, wenn's am schönsten ist.

Beachtet die dünne, weiße Linie entlang seines Körpers, die das Schwarz seines Kostüms vom Schwarz des Hintergrunds trennt. Blickt ihr auf die vorherige Zeichnung, seht ihr, dass die Linien vom Bleistiftzeichner eingezeichnet wurden. Wenn sie nicht da wären, würde vieles der heroischen Figur in der Dunkelheit verschwinden, was auch einen guten Look hätte, aber einen missgestimmten, atmosphärischen und nicht den gewalttätigen, actionorientierten, den wir erreichen wollen.

Obwohl die weißen Linien um die zertrümmerten Bretter in der Bleistiftphase nicht eingezeichnet wurden, nutzte der Tuschezeichner den Vorteil und machte einen guten Job.

"HALT MIR DAS DING NICHT NOCH MAL VOR DIE NASE, BUBI."

DER HINTERHALT

Fünf gegen einen sieht recht gut aus, aber da liegt ihr falsch. Tödlich falsch

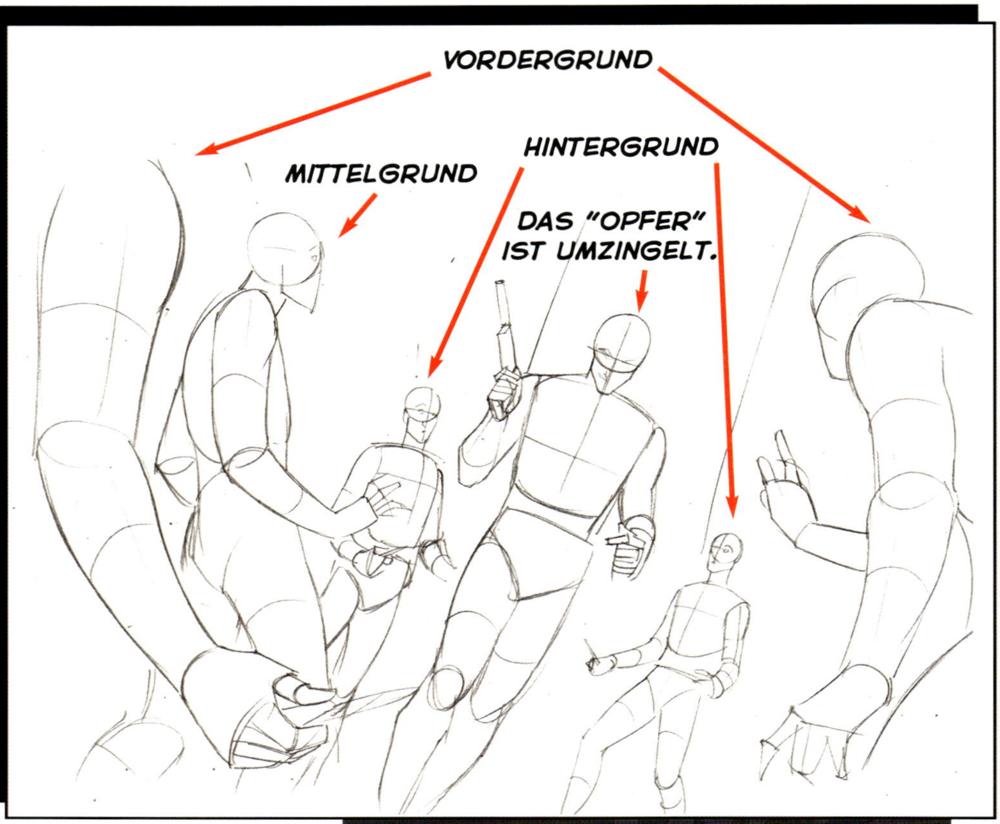

DIE SZENE ENTWERFEN

Bei einer Hinterhaltszene ist es immer wichtig, dass der Charakter sich umzingelt fühlt, von vorne, hinten, links und rechts. Die Vertikalen des Bildes sind geneigt, um dem Leser das Gefühl zu geben, dass die Dinge nicht so laufen, wie sie geplant sind ...

DEUTLICH SICHTBARE WAFFEN

CHARAKTERE AUSFEILEN

In Comics gewinnt meist derjenige, der lächelt, und ganz besonders dann, wenn die Situation gefährlich ist.

DAS HERAUSKRISTALLISIEREN DER CHARAKTERE UND DAS HINZUFÜGEN VON SCHWARZ

Es ist völlig egal wie hell es draußen ist, wo immer dein Charakter ist, gibt es auch Schatten. Das ist die Kunst des Crime Noir. Die Gebäude der Stadt werfen starre Schatten über ganze Blocks. Brücken, Straßenlampen, kaputte Fenster, das alles wirft Schattenmuster, die der Stadt eine gewisse Atmosphäre geben.

ERINNERT EURE LESER IMMER DARAN, DASS IHR EUCH IM HERZEN DER STADT BEFINDET: RIESIGE WOLKENKRATZER, SCHMALE STRASSEN UND DAMPFWOLKEN, DIE AUS DEN GITTERN DER UNTERGRUNDBAHN KOMMEN.

TUSCHE

Dunkle Gassen sind immer schlecht für ein Opfer. Im Crime Noir ist aber nie so ganz klar, wer gleich das Opfer ist.

MEINE EIGENE GEISEL

Manchmal kann ein Typ einfach nicht genug kriegen. Wie kann er auch wissen, dass sie letzten Monat drei Mal ausgeraubt wurde und dabei den Entschluss gefasst hat, das gleiche mit dem nächsten Typen zu machen?

DIE SZENE ENTWERFEN

Die Körpersprache sagt alles. Sie lehnt sich bis zu seinem Gesicht vor. Er lehnt sich zurück, kann aber nirgends hingehen, bis sie sagt "Wir sind fertig".

NACH VORNE GENEIGTER KOPF IST EIN ZEICHEN DER STRENGE, DER AGGRESSION.

SALOPPE HANDHALTUNG SAGT "DAS DAUERT NOCH EIN WEILCHEN."

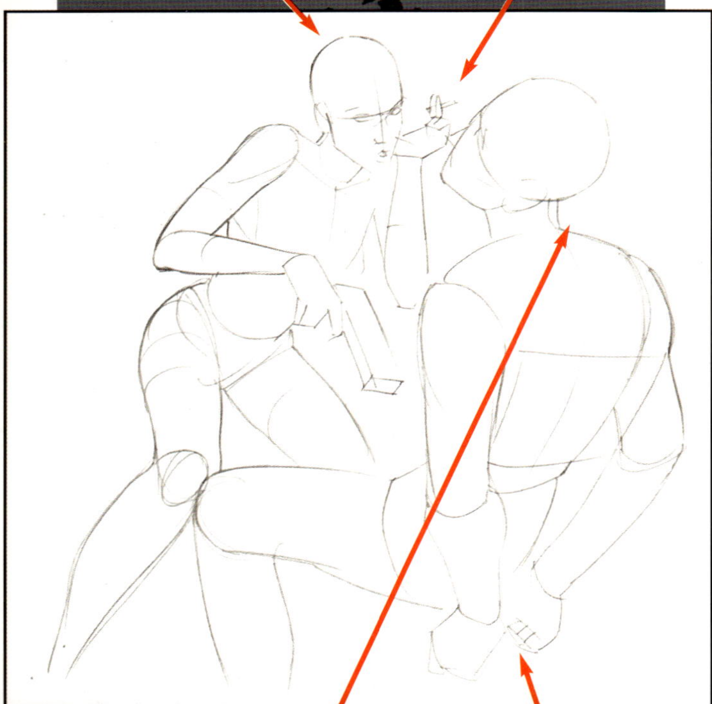

NACH HINTEN GENEIGTER KOPF BEDEUTET SCHWÄCHE.

GEBALLTE FÄUSTE SYMBOLISIEREN GEFANGENSCHAFT

DAS VERFEINERN DER CHARAKTERE

Sie hat sich entschieden, diesen magischen Moment herauszuzögern. Euer Charakter muss sich wohl fühlen. Um es genauer zu sagen, sie muss aussehen, als würde sie sich wohl fühlen. Also was machst ihr mit ihren Armen? Als Künstler müsst ihr über so was nachdenken. Diese kleinen Fragen werden noch wichtig werden. Seht wie das hier gelöst wurde. Die Stuhllehne zeigt nach vorne und dient ihr als eine Art Tisch, um ihre Arme abzustützen. Es sieht so natürlich aus, dass ihr es wahrscheinlich nicht mal bemerkt habt. Diese Dinge passieren aber nicht von alleine. Ein nicht so erfahrener Künstler hätte sie, von Bild zu Bild, die komplette Sequenz hindurch, mit den Armen gestikulieren lassen. Das hätte mich dazu veranlasst, sie festzuhalten und zu knebeln.

UMGEKEHRTES SITZEN AUF DEM STUHL IST EINE POSE, DIE DURCHSETZUNGSKRAFT SUGGERIERT. SEHR SEXY BEI EINER ATTRAKTIVEN FRAU.

DAS HERAUSKRISTALLISIEREN DER CHARAKTERE UND DAS HINZUFÜGEN VON SCHWARZ

Die beiden Wände des Raums stehen in einem solchen Winkel, dass sie strikt von Diagonalen geteilt werden, was eine unheimliche Atmosphäre schafft, die im Crime-Noir-Genre weit verbreitet ist. Ein typischer "slash-Schatten" (ein Schatten auf einer scharfen Diagonale) trifft die Wand und lässt das Appartement so erscheinen, als wäre die Miete recht günstig

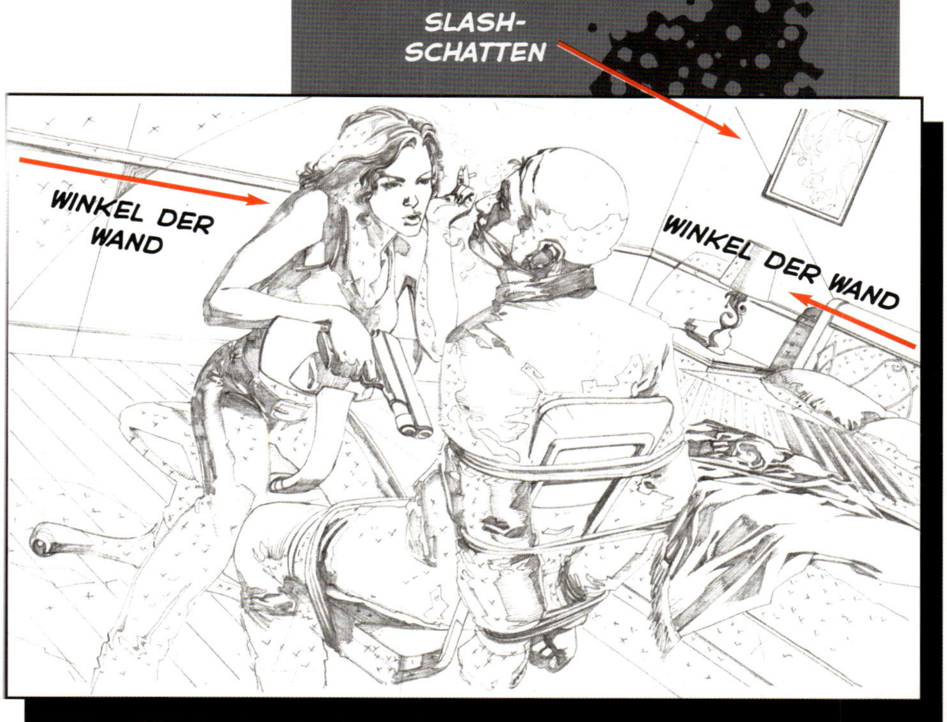

TUSCHEN

FEMALE
CANNIBAL
ALIENS
From Space
SCRIPT

Die Profis

6

Die Welt des Verbrechens hat eine soziale Struktur und eine Hierarchie. Die Traditionen müssen eingehalten werden. Respekt gezollt. Regeln befolgt. Wenn sie gebrochen werden, folgen die Konsequenzen auf dem Fuße und sind sehr oft brutal. Es existiert eine riesige Infrastruktur im Untergrund, auf die das Unternehmen gründet. Wir reden nicht von zweitklassigen Ganoven, die nachts um drei in Bodegas einbrechen, einen emigrierten Kassierer abknallen, der seine Familie beschützen will und dann mit ein paar Hundert Dollar abhauen. Die Jungs, von denen ich spreche, machen sich ihre Hände nicht schmutzig. Da gibt's genug andere, die das für sie erledigen. Da sind die Hehler, die Kredithaie und die Boten. Das Schmierfett, das die Rädchen am laufen hält. Vielleicht wollt ihr ja einige von ihnen treffen. Vielleicht solltet ihr das lieber bleiben lassen. Tja, jetzt sind wir aber schon so weit gekommen. Ein wenig zu spät, um noch umzukehren.

DER PFANDLEIHER (AKA, DER HEHLER)

Man kann die Kerle kaum dingfest machen, weil sie auch ein legales Geschäft betreiben. Sie sind in ihrem Job halt ständig einem Fluss heißer Ware ausgesetzt. Und sie haben Schwierigkeiten, die gestohlenen Gegenstände, von den regulären zu unterscheiden.

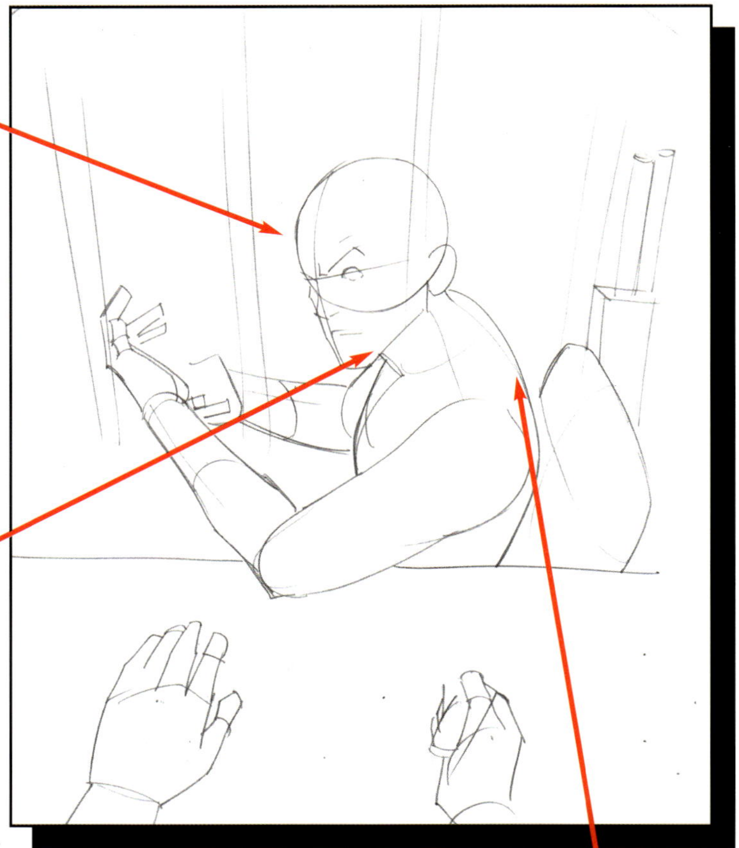

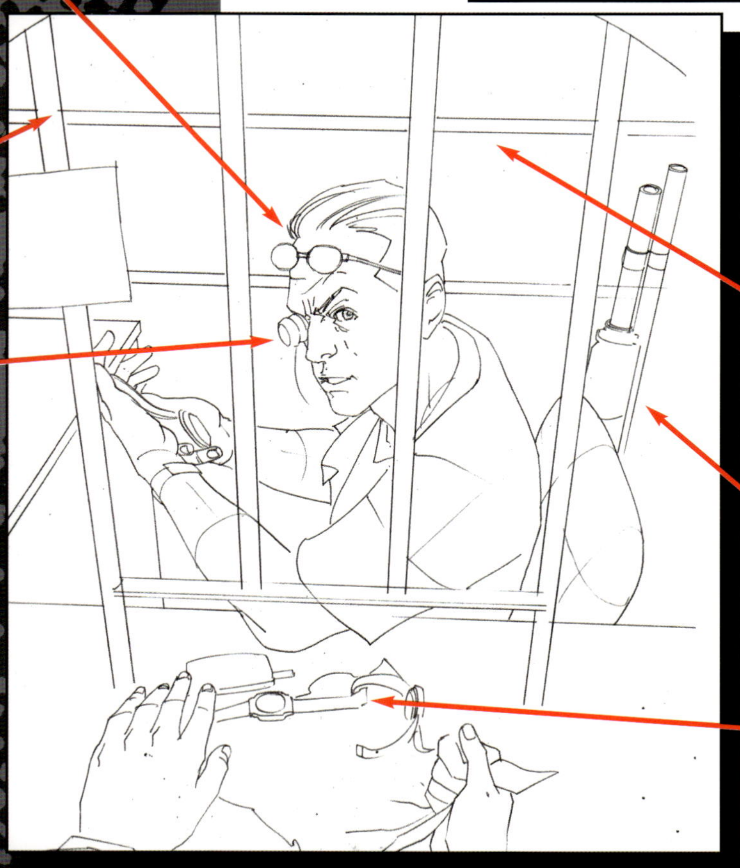

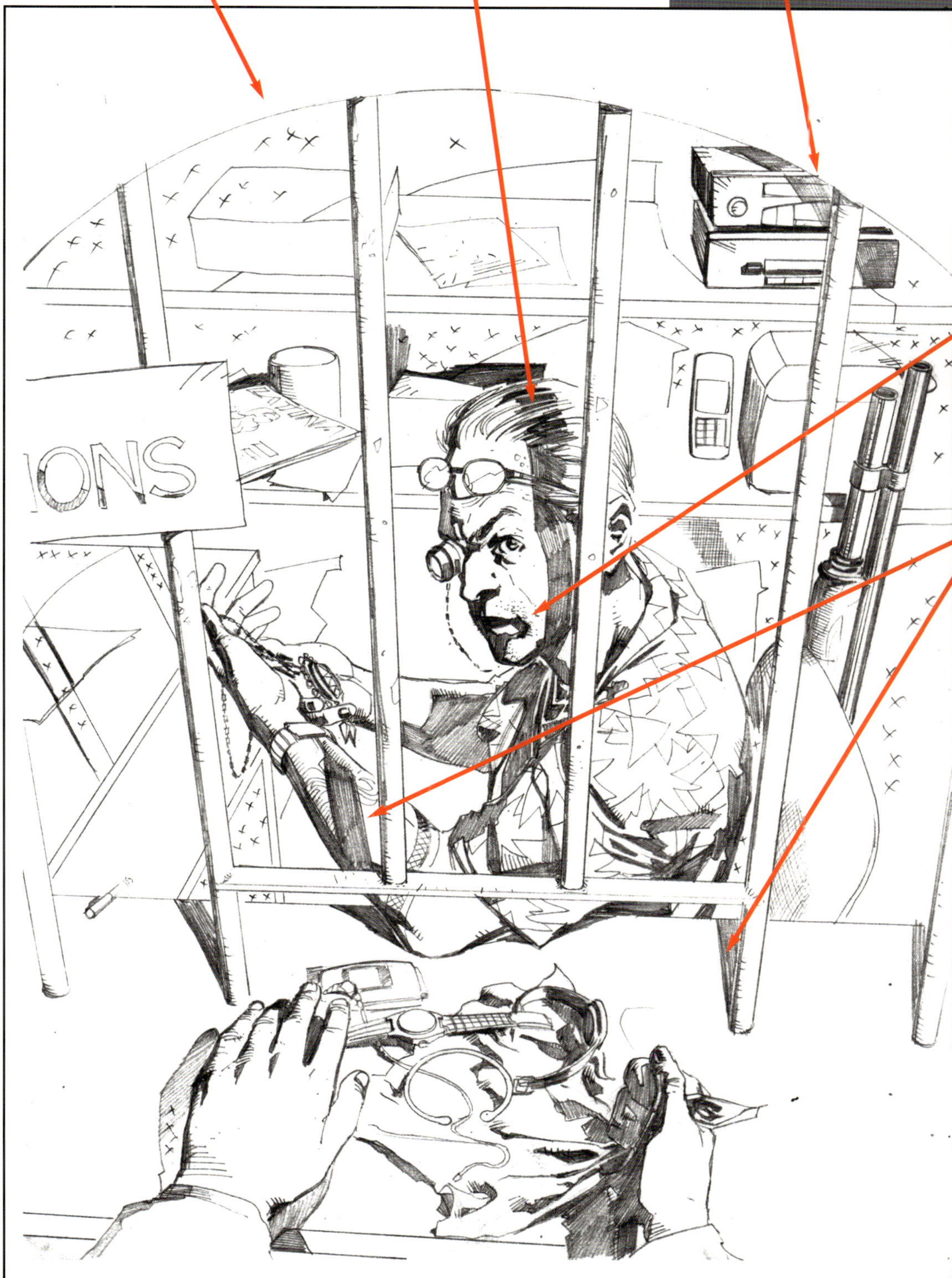
DER BOGEN VERMITTELT DEN EINDRUCK VON KÄFIG UND KLAUSTROPHOBIE.
SCHATTENWURF EINES SCHUTZGITTERS
SCHATTENWURF EINES GITTERS
UNRASIERT
WURF-SCHATTEN DER SCHUTZ-GITTER
IONS

IN DER WELT, DER DIESE HÄNDE ZUGEHÖREN - HÄNDE, DIE DIESE WERTSACHEN HALTEN, HÄNDE, DIE NACH SCHNELLEM GELD GIEREN - IN DIESER WELT BRAUCHT DER MANN ZWEITAUSEND BIS FÜNF UHR, ODER ZWEI TYPEN STATTEN IHM EINEN BESUCH AB. WAS IHR HIER SEHT, IST ALLES WAS ER BESITZT UND KEIN ZUG FÄHRT WEIT GENUG, UM DIESEN BEIDEN TYPEN ZU ENTKOMMEN.

"DIE ROLEX BRINGT DIR 150. DER REST INTERESSIERT MICH NICHT."

BÖSE COPS

Was glaubt ihr, warum so viele illegale Geschäfte nicht auffliegen? Glück? Cops mit grünem Star? Versucht es mit korrupten Bullen. Noch schlimmer als ein Polizeispitzel zu sein, ist es ein kleiner Fisch unter der Fuchtel eines Cops zu sein – und ihr wollt nicht, dass euer Schlüsselbein bricht. Ihr verkraftet diese Bedingungen nicht? Wem wollt ihr es denn erzählen? Den Cops?

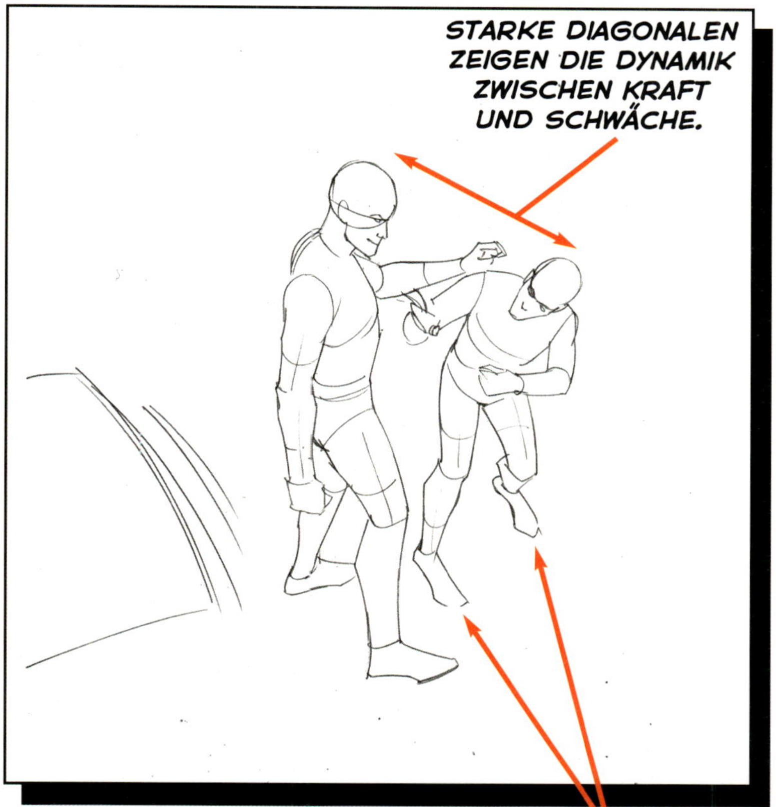

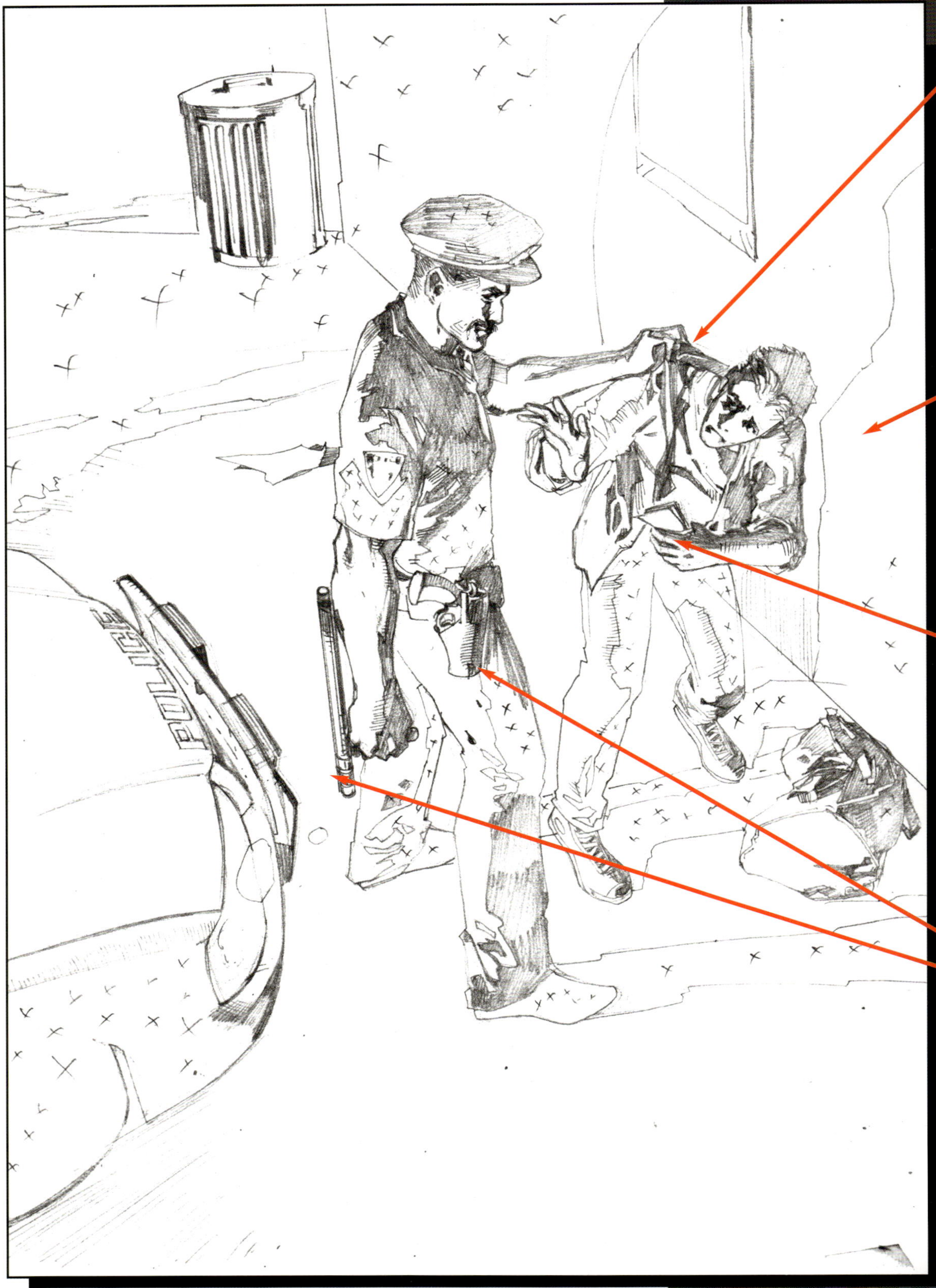

JETZT IST ES EINDEUTIG, DASS DER BULLE IHN HOCHSTEMMT UND ZWAR HEFTIG AN SEINER JACKE.

DER COP WIRFT EINEN BEEIN-DRUCKENDEN SCHATTEN AN DIE WAND.

DIE ABFINDUNG IN DER HAND.

DIE WAFFEN IM HALFTER: KNARRE UND SCHLAGSTOCK.

"FREUST DU DICH NICHT, MICH ZU SEHEN, RAYMOND? ICH HAB DICH SCHON LANGE GESUCHT."
POLICE

DER DOKTOR DER MAFIA

Es gibt da eine kleine Sache im Rechtssystem, die den Gangstern Kopfschmerzen bereitet: Wenn er sich mit einer Kugel im Bauch in einem Krankenhaus oder einer Arztpraxis zeigt, muss das Personal die Polizei benachrichtigen. Dann kommen die Jungs in Blau und stellen lauter bohrende Fragen wie: "Wer hat auf dich geschossen?" und "Für wen arbeitest du?" und die wohl unangenehmste "Woher hast du die Glock?"

Das Ergebnis ist, die bösen Jungs vermeiden Krankenhauszimmer. Sie gehen zu spezialisierteren Dienstleistern, jene, die nie eine medizinische Ausbildung abgeschlossen haben. Wenn ihr Glück habt, erwischt ihr einen, der sich als Tierarzt ausprobieren durfte. Die Operation kann heftig werden, besonders die Desinfizierung. Ihr könnt soviel betteln wie ihr wollt, aber ihr habt nicht die geringste Chance, dass euch der Boss doch noch in ein Hospital bringt. Aber keine Sorge, ihr erhaltet die beste medizinische Unterstützung, die gleiche die sein Pudel auch bekommt.

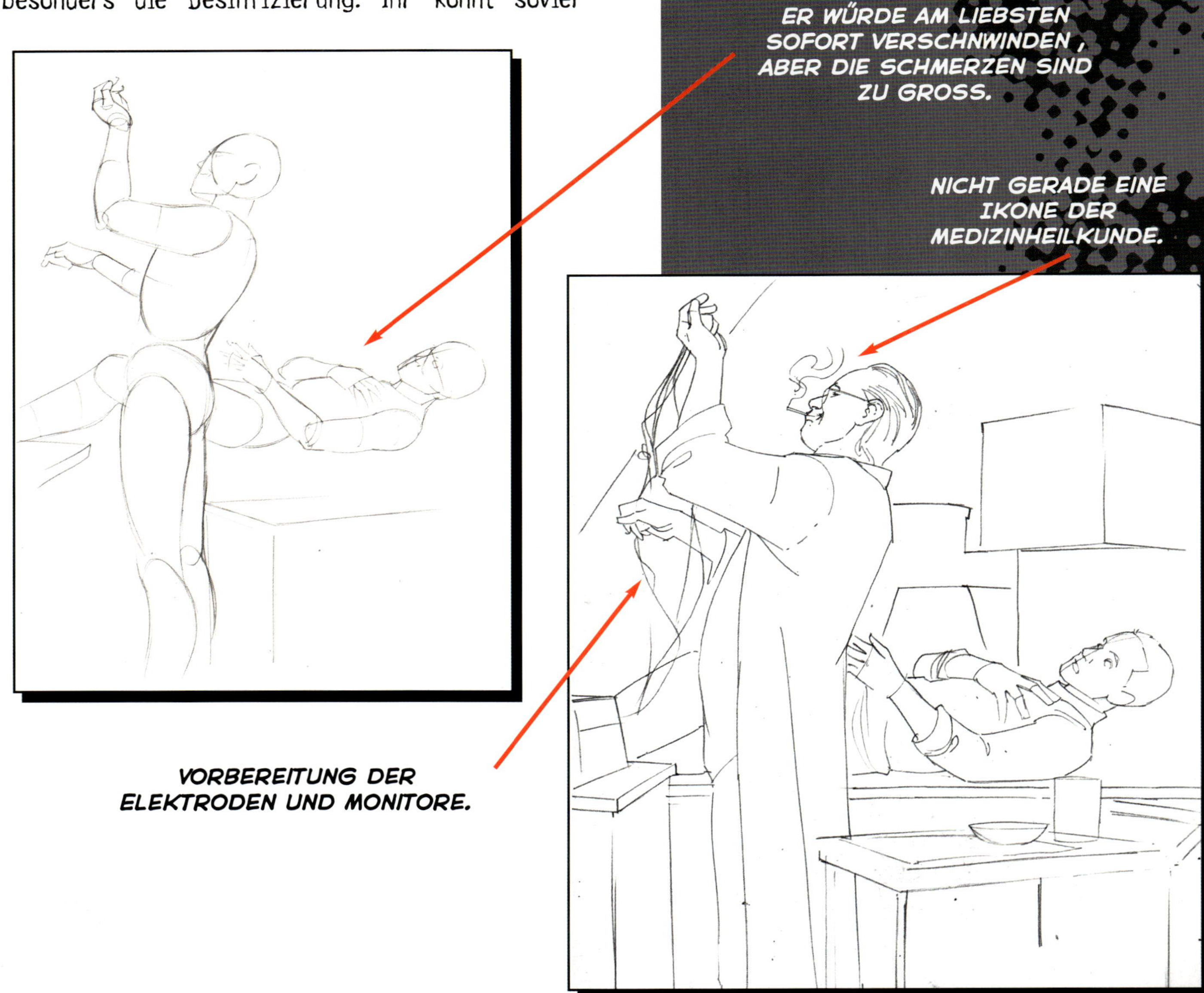

DER HUND VON LETZTER WOCHE IST SCHON HIN.
VIEL SCHATTEN UND DUNKELHEIT MACHEN DEN RAUM NICHT GERADE ZUM KLASSISCHEN OP-SAAL.
SIEHT EIN TABLETT MIT STUMPFEN INSTRUMENTEN UND BEKOMMT PANIK.
MAN SOLLTE SICH BESCHWEREN, ABER BEI WEM?
WUNDE MUSS OFFENSICHTLICH SEIN.

"ICH GLAUB, ICH ERINNERE MICH, WIE DAS GING."
OH, ES GIBT NOCH WAS IN BEZUG AUF DEN MAFIADOKTOR, WAS ICH VERGESSEN HABE ZU SAGEN: DIE SPRITZE, MIT DER ER IHN VOR DEM SCHNEIDEN IN DEN SCHLAF SCHICKTE. ER WOLLTE SICHERGEHEN, DASS ER NICHT AUFWACHT. HIPPOKRATISCHER EID? ICH GLAUB NICHT, DASS ER IHN KENNT.

DER ANWALT DER MAFIA

Hier ist noch ein Schreibtischgauner, den ihr kennen müsst: Der Mafiaanwalt. Er gründet Briefkastenfirmen, um Geld zu waschen. Er verpasst seinen Klienten Glaubwürdigkeit im Zeugenstand.

Nachdem er sein Jurastudium beendet hatte, plante er für die Zigarettenindustrie zu arbeiten. Aber er fasste den Entschluss, etwas Respektableres zu machen und entschied sich für die Mafia.

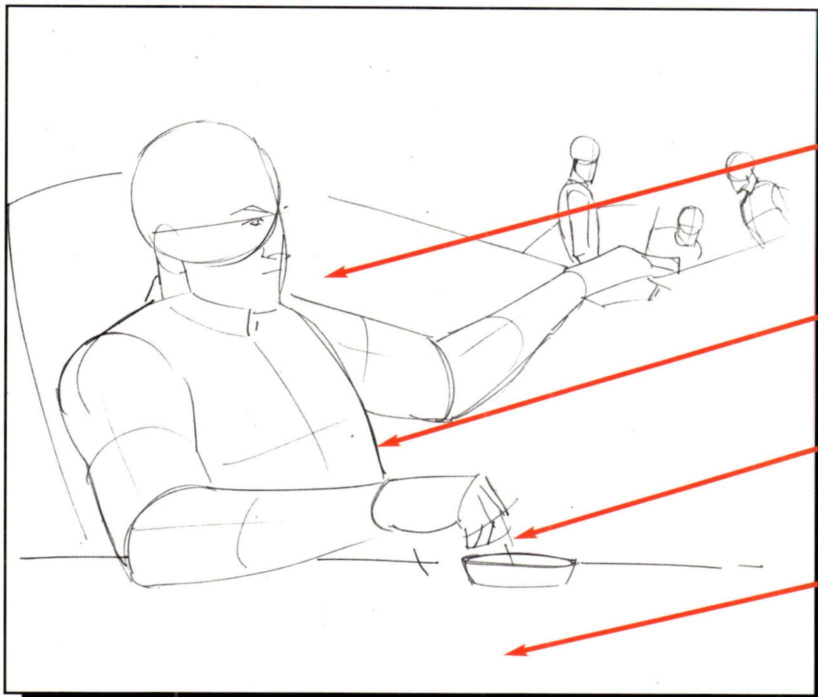

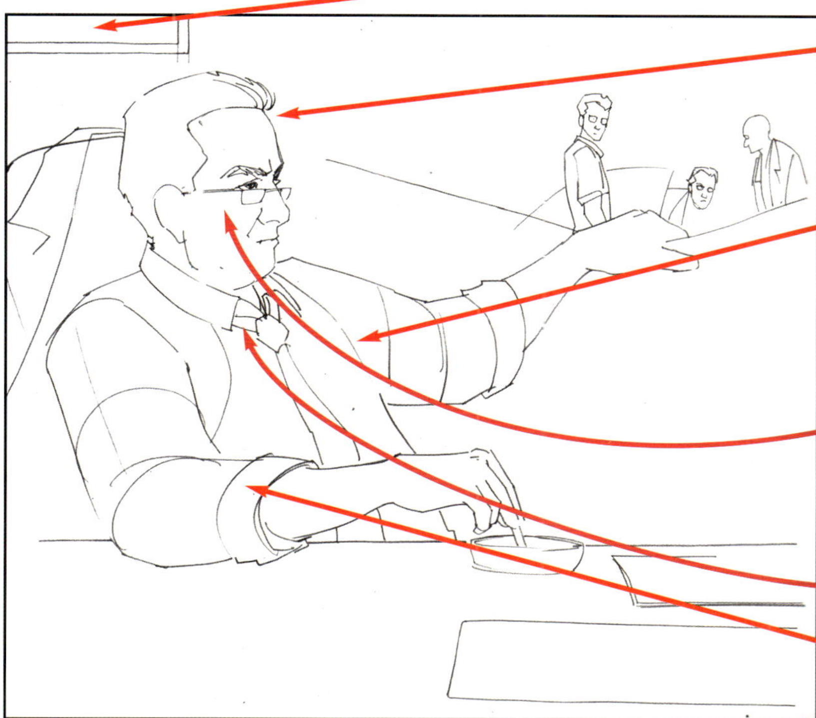

Jalousien: Das klassische Noir Schattenmuster

In einen gedimmten Raum, scheint das Sonnenlicht durch die Schlitze der Jalousien. Dieser Typ der Schattenmuster webt sich in und um alles, auf das es fällt, wie ein Netz, das über eine Person geworfen wird. Der Schatten bedeckt ihn, wie die Gitter eines Knasts – eine Metapher für dieses schonungslose Genre.

DIE JUGEND HAT DIESEN ANWALT MITTLEREN ALTERS VERLASSEN. DER OPTIMISMUS IST MIT SEINEN HOFFNUNGEN VERSCHWUNDEN. DIE AMBITIONEN SIND WEG. ER HAT EINE FRAU, KANN SICH ABER KAUM NOCH DARAN ERINNERN, SIE JE GELIEBT ZU HABEN. ER IST MÜDE. MÜDE, BEFEHLE VON IDIOTEN ENTGEGEN-ZUNEHMEN, DIE HALB SO ALT SIND WIE ER UND IHN WIE HUNDE ANBELLEN. ER SPIELT MIT DEM GEDANKEN, SICH MIT DER MAFIAKOHLE ABZUSETZEN UND IRGENDWO NEU ANZUFANGEN. VIELLEICHT WIRD DARAUS EIN RICHTIGER PLAN.
"SAG EMILIO, DASS ES WAHRSCHEINLICH ZOFF GIBT."

DER WAFFENSCHMUGGLER

Das ist nicht der klassische Straßendealer, mit ein paar Mibringseln zum Verkauf. Unser Typ arbeitet global. Ihr wisst nicht, woher er kommt und ihr fragt besser auch nicht danach. Wollt ihr das, was er hat? Ihr habt zwei Minuten euch zu entscheiden.

Er versorgt die Crew mit der leistungsfähigsten Ausrüstung, die für die größten Jobs in diesem Metier verwendet wird. Der Treffpunkt für die Transaktion ist ein altes Lagerhaus an den Docks. Ein geeigneter Platz, um sich mitten in der Nacht zu treffen, ohne Adresse, ohne Außenbeleuchtung, ohne Zeugen.

Der Einkäufer übernimmt die Verhandlungen und sucht die Dinge heraus, die auf der Einkaufsliste stehen und die noch im Budget sind. Nein, eure Jungs knallen den Waffenhändler nicht ab und klauen ihm die Waffen. Erstens ist es zu früh, solche Taktiken anzuwenden. Zweitens lohnt es sich nicht. Wenn ihr jemanden hintergehen wollt, dann muss die Kasse richtig klingeln und das macht sie erst am Ende.

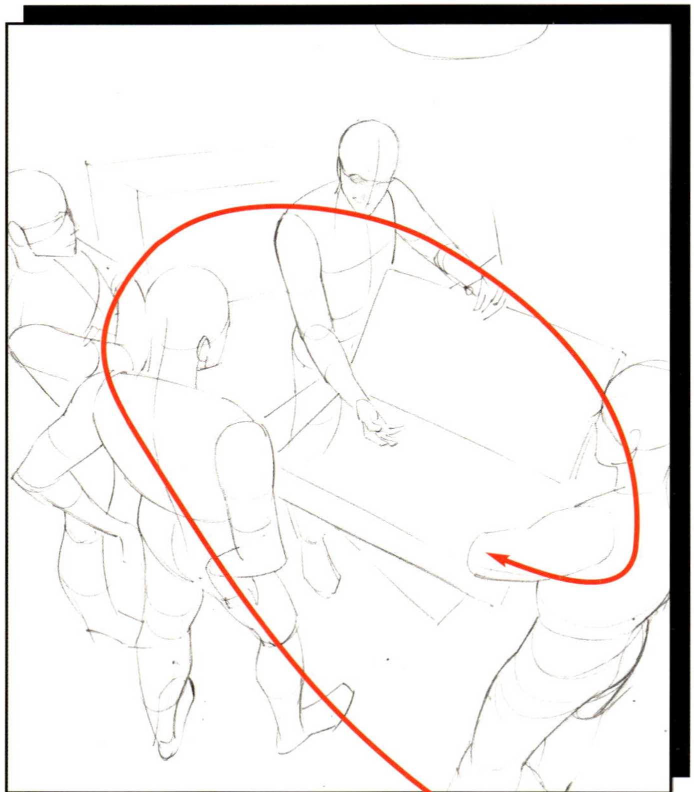

BEACHTET DAS LAYOUT: DIE CREW IST IM KREIS GRUPPIERT, DIE WAFFEN SIND IM ZENTRUM DER AUFMERKSAMKEIT.

DER WAFFENHÄNDLER UND DIE CREWMITGLIEDER SIND PROFIS, KEINE SCHLÄGER. SIE SIND SPRENGSTOFFEXPERTEN, FAHRER, SCHARFSCHÜTZEN UND HACKER. DESWEGEN ZEICHNET IHR IHNEN KEINEN BRUTALEN ODER MASSIVEN KÖRPERBAU.

WEGEN DER PERSPEKTIVISCHEN ANSICHT VON OBEN SCHEINEN DIE KÖRPERLINIEN ZUR MITTE HIN ZU KONVERGIEREN.

DAS LICHT DER FESTSTEHENDEN LAMPE BREITET SICH BEIM BELEUCHTEN DER FIGUREN AUS. DA ES DIE EINZIGE LICHTQUELLE IST, LIEGT VIEL DER SZENERIE IM SCHATTEN.

BEACHTET DAS ZUVOR GESAGTE: DER BLEISTIFTZEICHNER MARKIERT MIT X DIE STELLEN, DIE DER TUSCHEZEICHNER SCHWARZ KOLORIEREN SOLL.

DIE WAFFEN WERDEN IN METALLKOFFERN TRANSPORTIERT. DAS INNERE DES KOFFERS IST MIT SCHAUMSTOFF AUSGEKLEIDET. ZEICHNET MAN DIE SZENE WEITER, WIRD DIE CREW DIE WAFFEN INSPIZIEREN, SIE AUSEINANDER NEHMEN UND WIEDER ZUSAMMENSETZEN. DER SCHMUGGLER WIRD DIE TECHNISCHEN DATEN RUNTERRATTERN UND DIE REICHWEITE UND FEUERKRAFT JEDER EINZELNEN WAFFE DARLEGEN.
"ODER WOLLT IHR ETWAS MIT MEHR WUCHT?"

DER POOLHAI

Ob nun Poker oder Pool, es gibt immer jemanden, der das einfache Opfer spielt und sich dann, wenn die großen Scheine auf dem Tisch liegen, plötzlich zum Profi mausert. Am schlimmsten ist es für dämliche Machotypen, die ihre Egos plötzlich gegen die Fähigkeiten eines Mädchens verschwinden sehen.

Comics sind nicht immer mit Dauer-Action angefüllt. Es gibt auch viele ruhige, atmosphärische Szenen. Stimmungs-Shots, Dialoge und Reaktions-Shots, sind genauso wichtig wie die Action. Um die Seite visuell interessant zu halten ist es wichtig, dass eure Charaktere während ihrer Unterhaltung etwas zu tun haben. Das Pool- oder Billardspielen ist ein gutes Beispiel für eine Aktion, die eine Szene mit Dialogen ausfüllen kann.

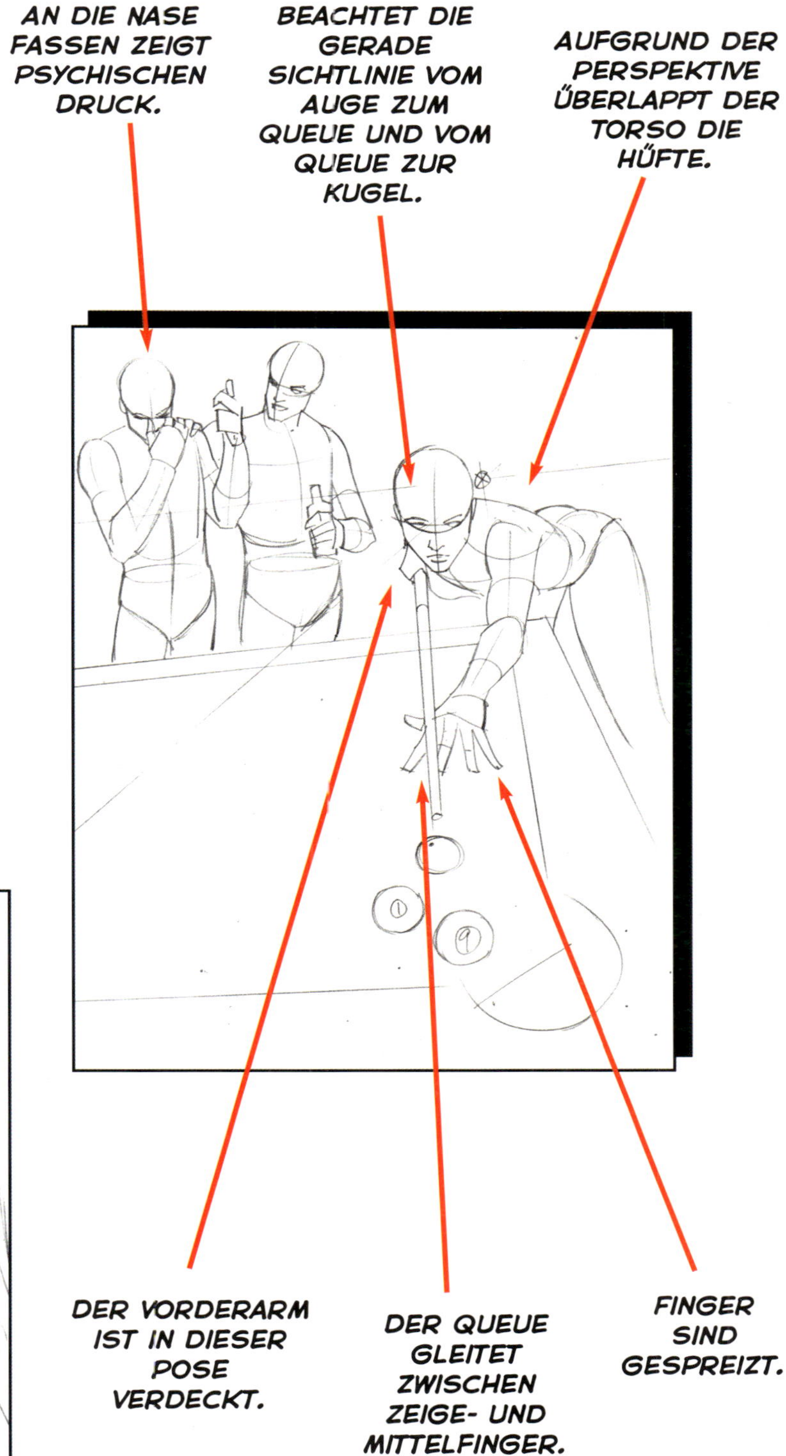

DIE MENSCHEN IM HINTERGRUND VERSCHMELZEN VON DER MITTE AB MITEINANDER, UM ES ABSTRAKT ZU HALTEN.
EIN "GLANZ" AUF ENGEN HOSEN SIEHT BEI ATTRAKTIVEN FRAUEN HEISS AUS.
DIE SCHATTEN DES QUEUES, DES ARMS UND DER BILLARDKUGELN, LASSEN DEN TISCH STABIL WIRKEN.

"HEUTE HABT IHR PECH, JUNGS."
NACHDEM SIE UM EIN BISSCHEN KLEINGELD GEZOCKT HABEN, HAT SIE IHN SOWEIT, DASS ER DIE GROSSEN SCHEINE LOCKER MACHT. WENN ER ERSTMAL AN BORD IST, KANN ER AUSGENOMMEN ZU WERDEN. JETZT ENDET DIE FLIRTEREI UND SIE IST KONZENTRIERT WIE EIN LASERSTRAHL. ER BEKOMMT NICHT EINMAL DEN HAUCH EINER CHANCE ZU EINEM STOSS. ALSO SETZ DICH HIN KUMPEL UND GENIESSE DIE SHOW, DENN DAS KANN NOCH EIN WEILCHEN DAUERN.

Ein kleines, freundliches Überzeugungsmittel: Waffen

Manchmal reicht kein logisches Argument, um jemandem klarzumachen, dass diese oder jene Handlung in seinem ureigenen Interesse wäre. Das ist der Moment, in dem ihr eine kleine Ermunterung parat haben müsst. Ihre könnt eure Eisenwaren rausholen. Es ist eindrucksvoll, wie einsichtig die Menschen doch sein können, wenn sie die Dinge aus eurem Blickwinkel sehen. Machen wir einen kleinen Pit-stop, um einen kurzen Blick auf den neuesten Stand des Waffenzeichnens zu werfen.

Handfeuerwaffen

Da man sie leicht in einer Jackentasche, oder einer Frauenhandtasche verstecken kann, sind Handfeuerwaffen die populärsten Waffen. Sie sind leicht, tödlich und ihr könnt sie durch einen Wurf in den Fluss schnell loswerden. Ihr müsst sie auch nicht benutzen, außer die Dinge wandeln sich zum Schlechten. Trotzdem könnt ihr einen Raum nicht mit einem Sturmgewehr betreten und verschweigen, dass ihr bewaffnet seid.

DIESE KNARRE HABEN NUR DIE SENSIBLEN TYPEN

EIN MUST-HAVE DER ABEND-GARDEROBE

Verschiedene Detonationen

Die Ladungen der Schusswaffen erzeugen beim Schuss unterschiedliche Designs, also vergesst nicht, sie auch zu verwenden. Hier sind drei der populärsten:

SICH RINGELNDER RAUCH

AUFLODERNDE EXPLOSION

RAUCH IN SCHLINGEN

Waffen mit viel Power

Große Jobs verlangen nach großen Waffen und großen Jungs, die sie benutzen. Ein Typ mit so einer gewaltigen Feuerkraft wäre eine klassische Figur in einem gut durchorganisierten Plan, um den größten Saphir der Welt zu stehlen. Wahrscheinlich aus einem perfekt gesicherten Museum in Paris, auf dem Höhepunkt der Tourismus-Saison, wenn erst recht ein Auge auf den Saphir geworfen wird und die Sicherheitsvorkehrungen verdoppelt wurden. Neben der Belohnung stehen die bösen Jungs auf die Herausforderung. Gewehre werden horizontal zusammengebaut, mit Rahmen, die um den Körper der Waffe liegen.

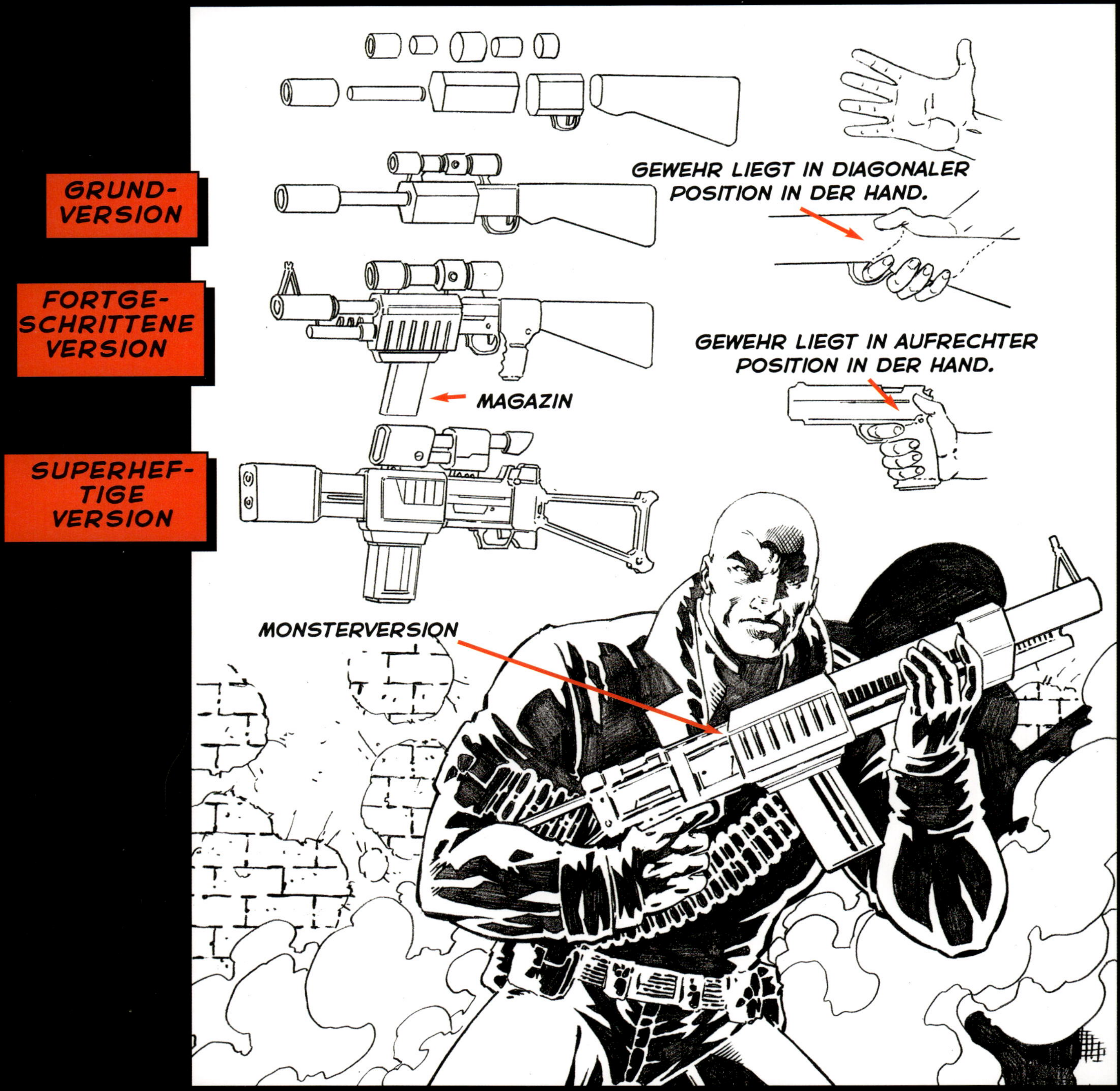

Variationen

Killer sind sehr eigen, wenn es um ihre Waffen geht. Das ist so bei Soziopathen. Modifiziert die Basisform des Gewehrs, um spezifische Aspekte der Waffe hervorzuheben, wie in den unteren Beispielen.

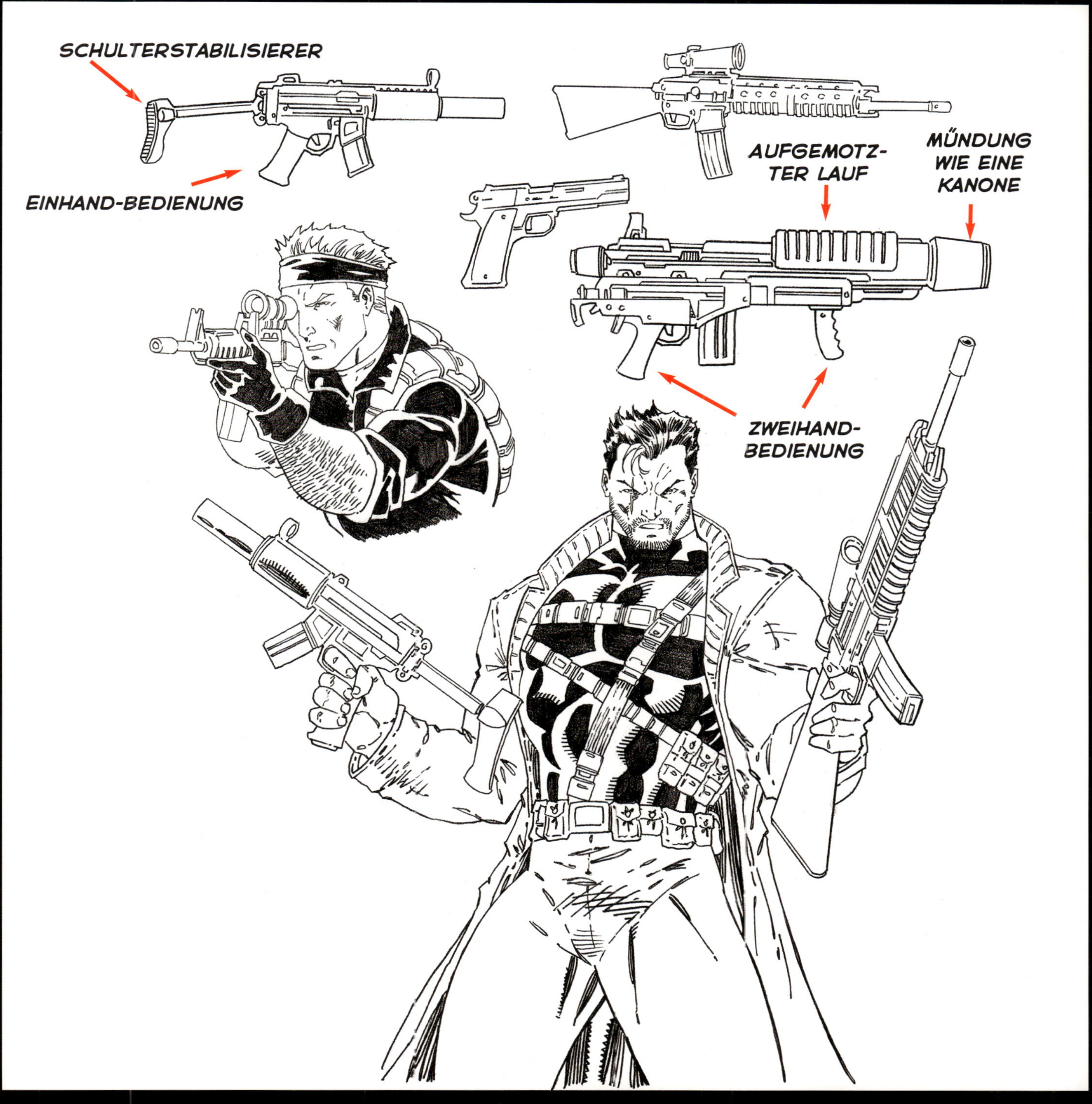

Syndikatsbosse & ihre Lakaien

7

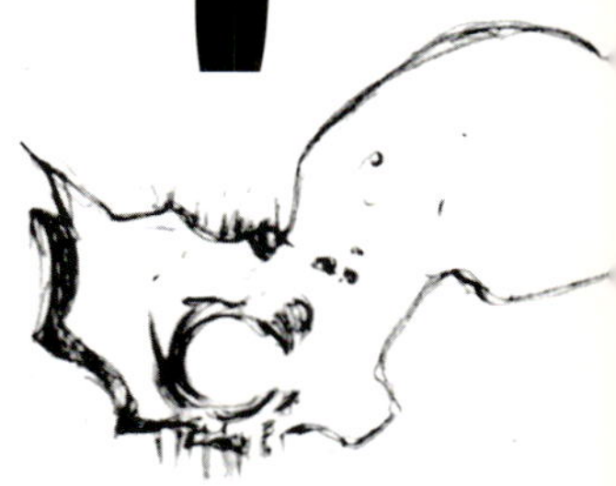

Wenn ihr euer Appartement betretet und diese Typen warten zusammengerottet in eurem Wohnzimmer als eine Art Überraschungsbesuch, wisst ihr, dass sie über euch nachgedacht haben. Sie haben was mit euch vor. Sie haben einen Job für euch. Eigentlich dachtet ihr, dass ihr in Rente seid, dass ihr dieses Leben hinter euch gelassen habt. Das Kapitel war eigentlich schon abgeschlossen. Dennoch wurdet ihr gerade gefragt, einen Job zu übernehmen und das ist die Art von Job, bei der ihr getötet werden könnt. Das wahre Problem dabei ist, dass ihr auch dann sterben werdet, wenn ihr nicht annehmt – also sterbt ihr so oder so. Wenn man also alles gegeneinander abwägt, ist es ein recht attraktives Angebot.

Syndikatsbosse greifen bevorzugt auf andere zurück, die für sie die Schmutzarbeit erledigen. Demzufolge handelt die meiste Action in der Crime-Noir-Geschichte von den Fußsoldaten. Sie verkörpern das Klopfen an der Tür, vor dem ihr euch so fürchtet. Lasst sie uns treffen. Macht aber keine plötzlichen Bewegungen.

TRADITIONELLE GEGEN NOIR-BÖSEWICHTER

In Comics ist es wie im richtigen Leben, durch die Klamotten, die jemand trägt, könnt ihr viel erfahren. Die Kleidung eines Bösewichts verrät einiges über seine Weltanschauung: Gemein, dunkel und sadistisch, manchmal elegant, zumindest im Falle der Syndikatsbosse. Meist soll die Kleidung einschüchternd wirken. Schauen wir uns jetzt die Unterschiede zwischen dem Übeltäter des Actioncomics und dem Bösewicht des Crime-Noir-Genres an.

Die Beispiele zeigen den gleichen Charakter, jedoch einmal im Stil des Actioncomics und einmal im Crime-Noir-Stil gezeichnet. Worauf ich hinaus will ist, dass Style nicht nur das Hinzufügen oder Weglassen einzelner Accessoires ist. Style ist nicht nur der Zuckerguss auf dem Kuchen. Style ist Substanz. Style ist der ganze Kuchen. Es ist das, was großartige Charaktere ausmacht. So etwas erzählen sie euch nicht in der Kunstakademie. Naja, deswegen lest ihr ja dieses Buch, oder?

HELD: ACTIONCOMIC

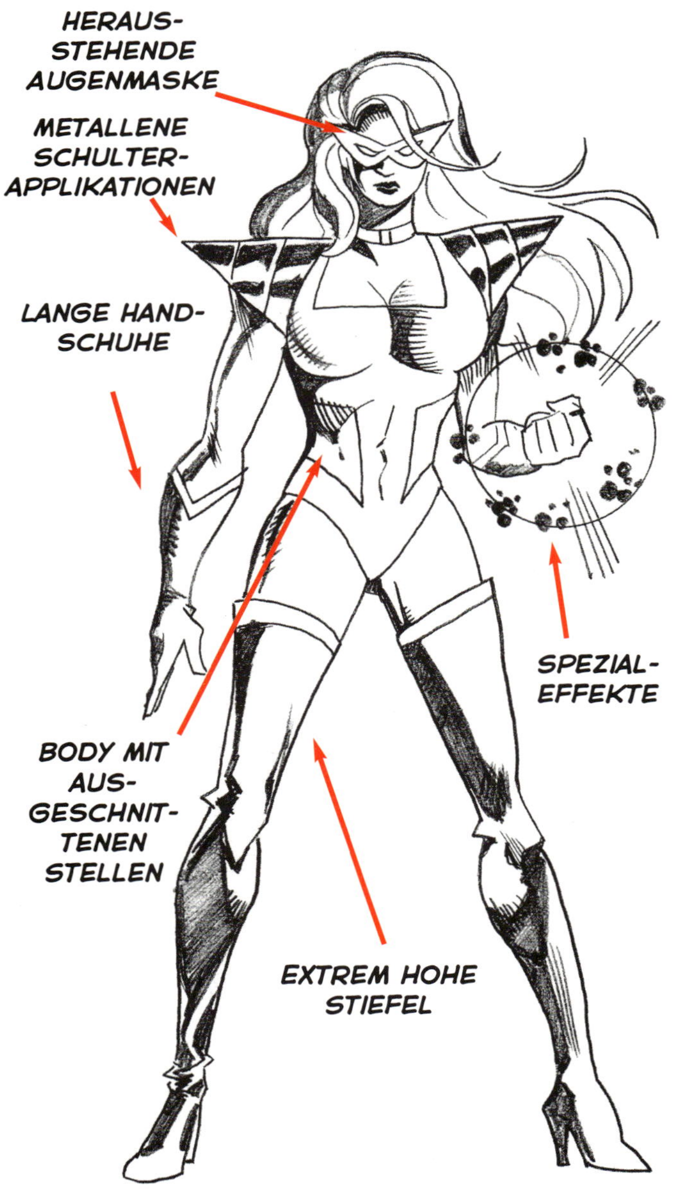

HELD: CRIME NOIR

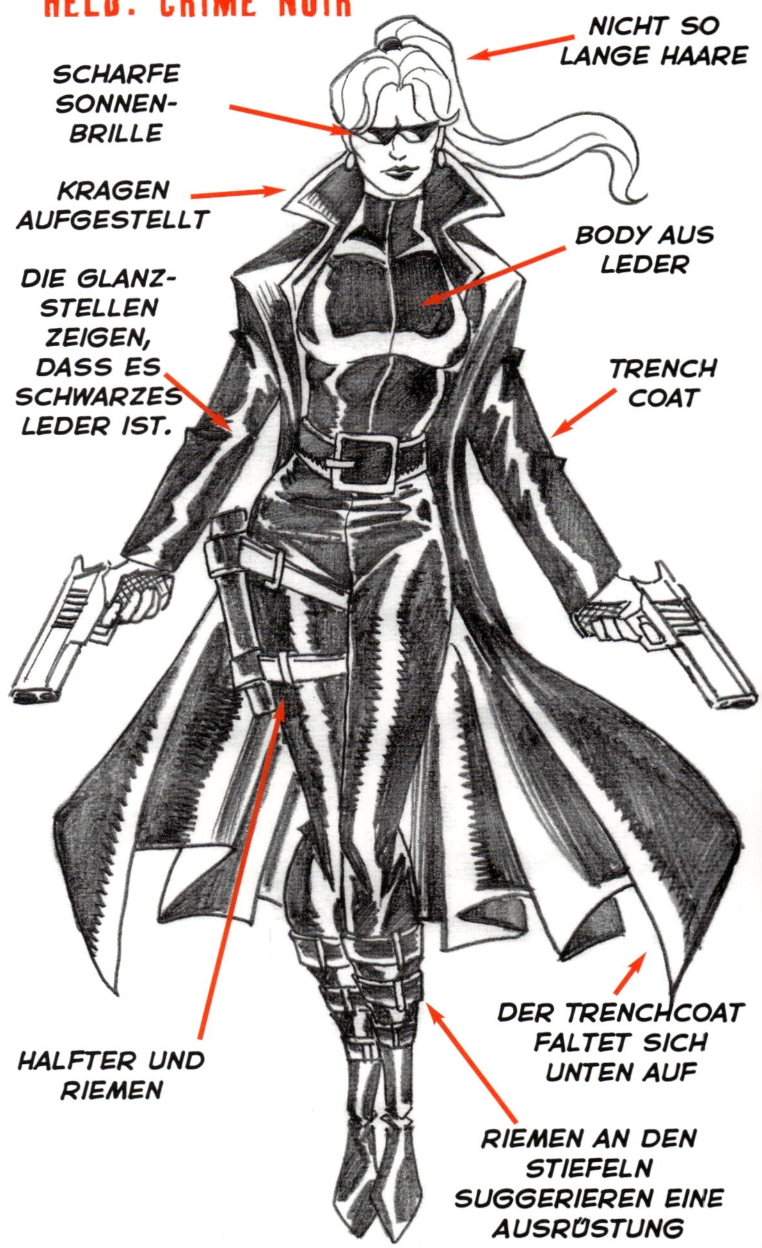

ACTIONCOMIC-GENRE

CRIME-NOIR-GENRE

WER BRAUCHT SCHON SUPERKRÄFTE, WENN ER SCHWER BEWAFFNET IST?

DER LETZTE SCHLIFF

Wenn ihr erstmal wisst, wie der Basistyp des Crime-Noir-Bösewichts auszusehen hat, könnt ihr einen Schritt weitergehen und ihm den letzten Schliff geben. Beispielsweise könnt ihr ihn Schritt für Schritt etwas verstärken oder insgesamt übertreiben, um die Kostüme, die Pose, oder den Ausdruck und die psychopatische Persönlichkeit des Charakters hervorzuheben. Hier sind einige Beispiele, welche Areale Comiczeichner zur Verfeinerung nutzen.

STANDARD NOIR-BÖSEWICHT

. . . MIT DEM LETZTEN SCHLIFF

DER PROFIKILLER – MIT ZWEI HANDFEUERWAFFEN

Ihr habt einen Kerl erwartet? Wie unklug von euch. Wenn jemand um die Ecke gebracht werden muss, ist sie gern dabei. Wenn sie außergewöhnlich gut gelaunt ist, macht sie es auch mal Gratis. Ein Blick auf ihre Körperhaltung sagt euch, sie ist die Beste in der Branche. Die heutigen Killer benutzen zwei Knarren. Immer zwei. Es ist visuell einfach ansprechender, wenn zwei Kanonen Feuer spritzen.

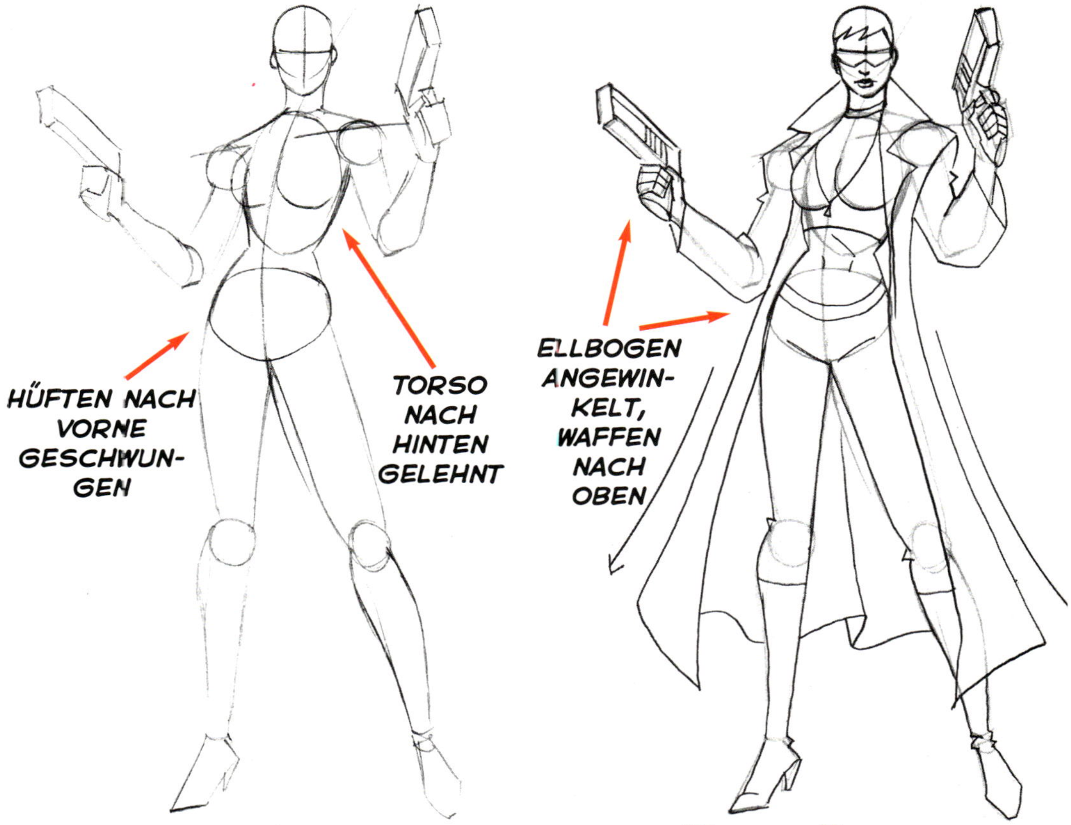

ZWEI KILLER TREFFEN SICH: DIE POSEN

Die wohl dramatischste Pose, die man in Comics oder auf dem Bildschirm sieht, sind zwei Killer mit jeweils einer Waffe in jeder Hand, die aufeinander losgehen. Keiner der Charaktere flüchtet oder weicht den Kugeln aus, im Gegenteil sie bewegen sich weiterhin aufeinander zu, während durchgehend gefeuert wird. Hier sind einige Beispiele an explosiven Layouts, die einen Killer gegen den anderen in einem tödlichen Duell zeigen. Die Kanonen zeigen immer nach vorne, die Arme sind in Richtung des Gegners durchgestreckt.

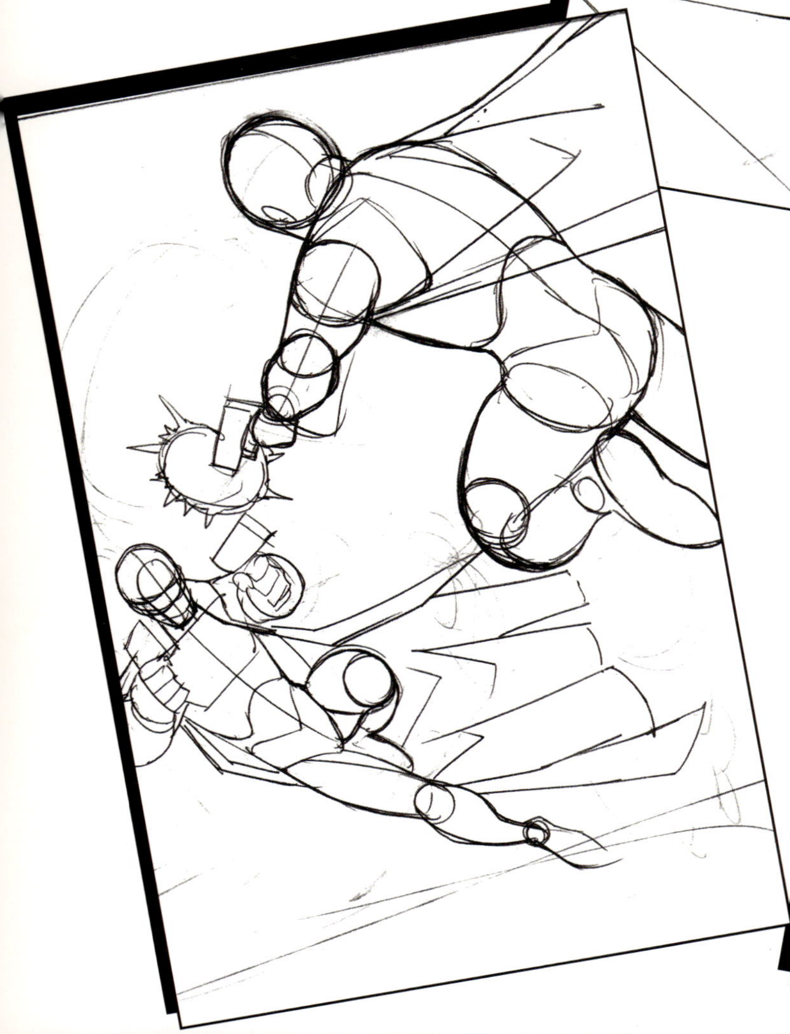

"GENTLEMEN, DAS IST DOCH KEINE ART ARGUMENTE VORZUBRINGEN, ODER?"

MR. BIG

Lauft ihm niemals über den Weg. Ihr könnt ihm eine Million oder fünf Dollar klauen, für ihn ist es dasselbe, es ist sein Geld. Er ist voller Groll. Glaubt mir eins, diesen Schmerz werdet ihr spüren. Er ist mächtig – und das nicht nur körperlich, sondern auch in seinem Unternehmen. Sein Einfluss ist in der ganzen Stadt spürbar. Wenn ihr smart seid, lasst ihr alles beim Alten, so wie er es mag. Da gibt's nur ein Problem: Jungs wie ich sind nicht so smart. Es ist meine Aufgabe, ihn fertigzumachen und seine ist es, mich davon abzuhalten.

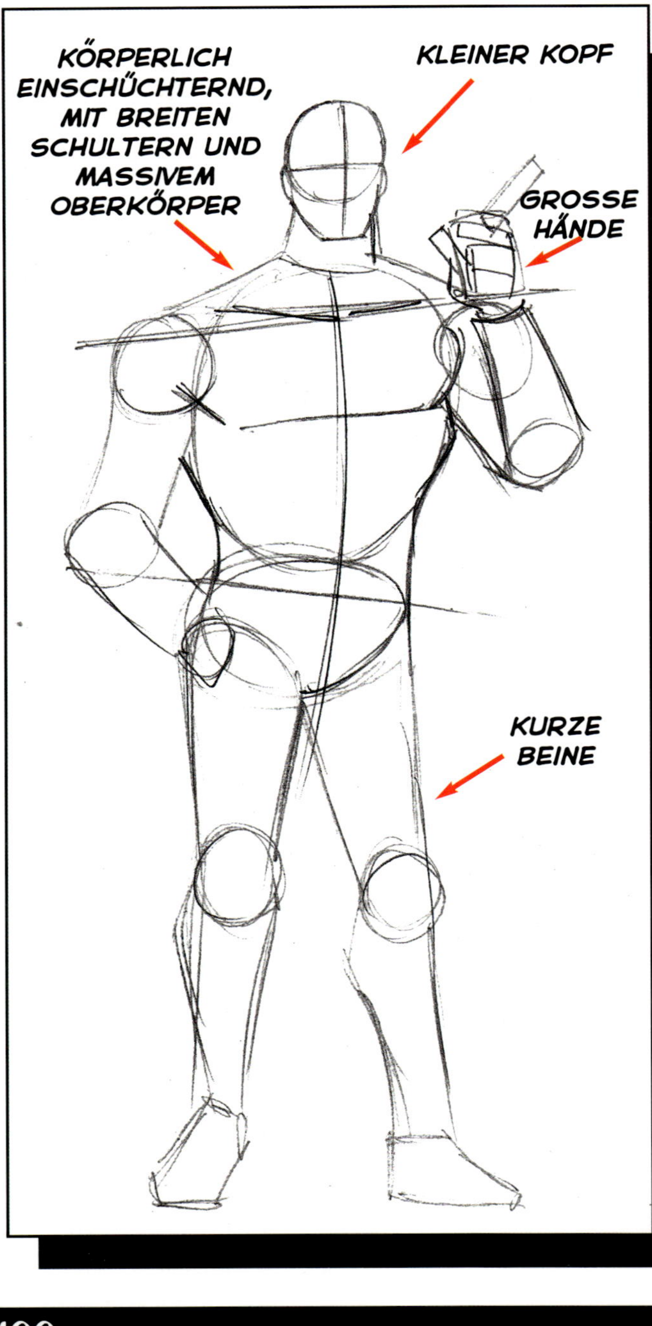

ORDENTLICHE KRAWATTENNADEL UND BLUME IN DER TASCHE. KILLER SIND SO GUT GEKLEIDET.
KLEIDSAMER ANZUG MIT DICKEN STOFFFALTEN UND SCHARFER BÜGELFALTE

DER FIESE WISSENSCHAFTLER

Nicht alle Crime-Noir-Bösewichter sind Revolverhelden, Schläger oder Gangster. Syndikatsbosse sind berüchtigt dafür, die ganze Stadt zu terrorisieren. Um dies zu verwirklichen, nehmen sie die Dienste eines Wissenschaftlers in Anspruch, der ein Diplom in Biologie und Grundkenntnisse mit Viren hat. Es gibt jede Menge interessante Projekte für einen Wissenschaftler. Nicht, dass sie der Menschheit damit etwas Gutes tun wollen – es sei denn, ihr zahlt ihnen ein paar Millionen Dollar, damit das Experiment nicht stattfindet.

WISSENSCHAFTLER UND ANDERE GEHIRNAKROBATEN WERDEN NIEMALS MIT DURCHTRAINIERTEN KÖRPERN DARGESTELLT.

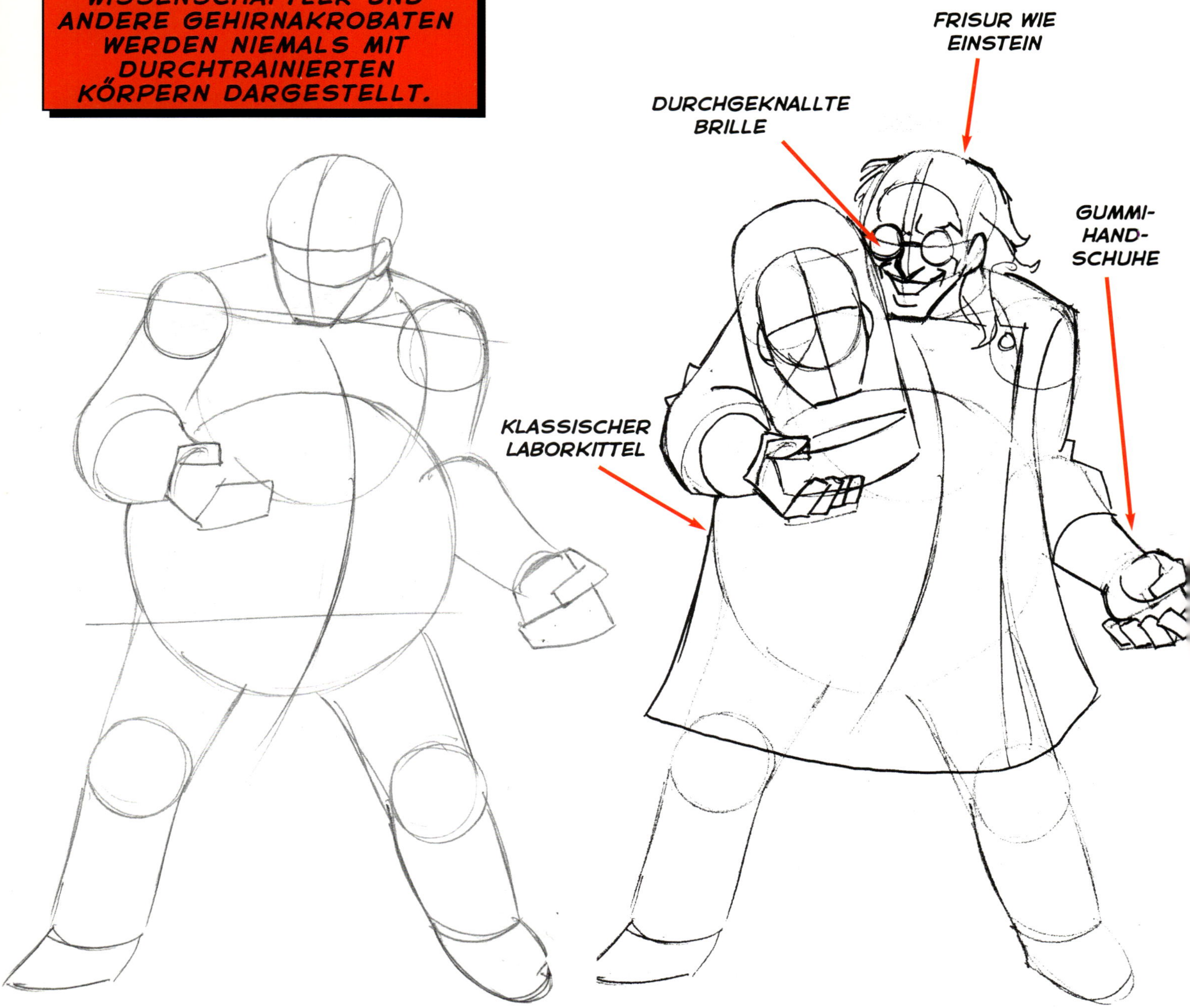

BEACHTET DAS UNHEIMLICHE LICHT VON UNTEN.

Regennasse Straßen & mondlose Nächte

8

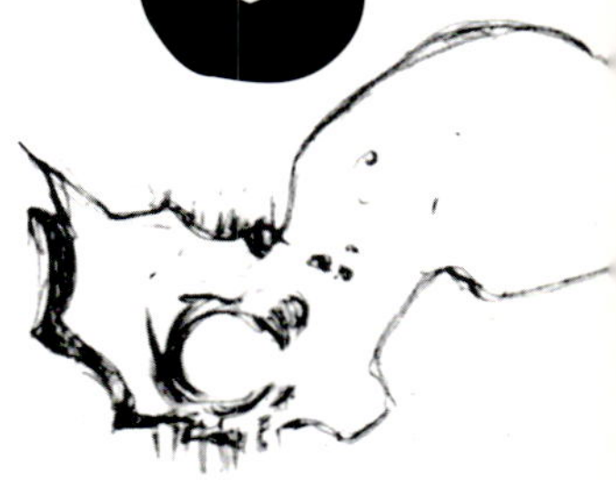

Ihr könnt eine Noir-Szene entstehen lassen, ohne einen Charakter zu verwenden und das solltet ihr auch. Noir ist nicht nur eine Gruppe Charaktere, es ist eine ganze Welt. Es ist der Blick auf eine Welt durch eine Linse, die jeden Funken Hoffnung herausfiltert. Es sind die Pfützen, an den in einer stürmischen Nacht Funken sprühenden Straßenlaternen. Die Zeitungen, die vom Wind eine einsame Gasse hinunter getrieben werden. Ihr fragt euch immer aufs neue, ist es sicher hier? Das sind die Straßen der Crime-Noir-Zeichnung. Das sind die Straßen, in denen eure Charaktere leben. Home sweet home. Packt eure Bleistifte aus. Ihr seid jetzt kurz davor, die Leinwände auszubreiten, auf denen eure Meisterwerke entstehen.

STRASSENSZENE

Tag. Mittagszeit. Die Menschen laufen herum. Das ist die Stadt. Das Geschäftsviertel irgendeiner Großstadt. Mittelklasse, vielleicht ein bisschen drüber, vielleicht ein bisschen drunter. Eine Mixtur aus Geschäftsleuten und Arbeitern. Typisch, nett.

Da kommt nicht wirklich Stimmung auf. Behaltet das im Gedächtnis. Jetzt nehmen wir exakt die gleiche Straße, exakt die gleichen Gebäude und exakt denselben Winkel, und machen daraus eine Crime-Noir-Szene.

TRADITIONELLE STRASSENSZENE – TAG

CRIME-NOIR-STRASSENSZENE – NACHT

Nacht. Trostlos. Keine Sonnenmarkisen. Keine Zeitungsstände. Nur Regen und Dunkelheit. Da ist ein Mann. Er ist in Bewegung. Er geht in Richtung eines Appartements. Er hat einen Job zu erledigen. Eine weitere Person wird sterben, und die Stadt wird den Unterschied nicht merken …

Beachtet all die kleinen Details die euch sagen, dass es eine Noir-Szene ist: Die mit Brettern zugenagelten Schaufenster, die vom Wind aufgewirbelten Zeitungen, die tiefen Schatten, der peitschende Regen, die glatten, vom Regen durchnässte Straße und die Mülleimer.

DIE VERLADEDOCKS AM HAFEN

Traditionellerweise das Gangsterviertel der Stadt. Ware, die rein- und rauskommt, ist mit einer bestimmten Steuer belegt und die fließt nicht in die Kasse des Bürgermeisters. Wenn ihr nicht bezahlt, könntet ihr einen Eispickel in eurem Rücken finden. Das ist aber nur nachts so, tagsüber ist meist alles legal: Kisten, die von kräftigen Männern auf- und abgeladen werden. Viele Kisten, Netze und Seile.

TRADITIONELLE SZENE - TAG

CRIME-NOIR-SZENE BEI DEN DOCKS – NACHT

Die Docks werden in einer verlassenen Nachtszene zum klassischen Crime-Noir-Schauplatz. Die sanften Wellen schwappen gegen das Pier. Dieser Ort hat schon viele Leichen gesehen, die ins Hafenbecken fielen. Ohne das Spektakel des Packens und Verladens entsteht eine schwermütige Einsamkeit. Der Geruch des Todes hängt in der Luft und zwischen den Kisten die Schatten zweier Männer mit Knarren. Das Pier an sich ist eine Metapher für den Tod. Es ist eine Anlegestelle, ein kurzer Steg, der mit dem Tod endet. Eine einsame Person steht dem Horizont entgegen. Tja, das bin ich, mit einer Tasche voller Cash. Und genau die wollen sie. Ganz einfach. Deswegen hab ich auch die Hände in den Taschen. Das ist nämlich genau der Platz, an dem ich meine Knarren habe. Versucht einer dieser Punks, sich meine Tasche zu schnappen, reagiere ich. Das wird böse enden.

KLASSISCHE SZENE: VOM GEBÄUDE GESTOSSEN

Nicht alle Szenen müssen aus der Distanz gezeichnet werden, um beim Leser eine Stimmung hervorzurufen. Ganz speziell dann nicht, wenn die Stimmung, die ihr schaffen wollt, Angst ist. Die Regel ist: Wenn etwas Schlimmes passiert, zeigt es im Gesicht. Ich könnte so weiter plappern, aber es ist besser, ich zeig euch was ich meine. Also schaut es euch an. Ich denk mal, es wird euch beeindrucken, was es für einen schlichten Unterschied es macht, wenn ihr einen Charakter aus der Nähe zeigt, im Gegensatz zur Entfernung. Vielleicht ist es die primitive Angst vor der Höhe, auf jeden Fall sollte die Szene euch das Fürchten lehren. Wenn sie es nicht tut, habt ihr was falsch gemacht.

WEITER WEG VON DEN CHARAKTEREN – WENIGER WUCHT

Zuviel Raum um den Charakter bewirkt etwas Seltsames: Es lässt ihn in der Szene behaglich wirken. Das ist genau der gegensätzliche Effekt von dem, den ihr erzielen wollt.

NAHAUFNAHME – MEHR WUCHT

Diese unglückliche Seele fällt kopfüber in unsere Richtung einem eher unangenehmen Tod entgegen. Er durchbricht die Grenzen des Bildes. Zudem wurde er in eine Dreiviertelsicht gedreht, was die Figur komprimiert und dramatischer wirkt, als eine flache Seitenansicht, wie in der vorherigen Zeichnung. Man spürt den Terror des Moments. Wie sagt man so schön: "Fertig. Hast du mal ne Zigarette?"

KLASSISCHE SZENE: VORGETÄUSCHTER UNFALL

Lasst es wie einen Unfall aussehen. Habt ihr einen Sumpf in der Nähe, dann ist das Problem gelöst.

WEITER WEG VON DEN CHARAKTEREN – WENIGER WUCHT

Zeigt ihr die Angst im Gesicht des Opfers nicht, dann habt ihr euren Leser vom Haken gelassen. Euer Job ist es den Leser zusammenzucken zu lassen. Es ist eine Achterbahnfahrt auf Papier und ihr müsst alles aus ihr rausholen.

NAHAUFNAHME – WUCHTIGERE WIRKUNG

Jetzt können wir es sehen: Das Gesicht, den Mann, die gefesselten Hände. Er kämpft ums Überleben. Es wird langsam gehen, und ist mit Sicherheit nicht schön. Wir wollen das nicht sehen, aber wir werden. Wir werden jede Sekunde sehen und unsere Augen nicht davon abwenden können, bis die letzte Luftblase aus dem sumpfigen Wasser aufgestiegen ist – und langsam verschwindet.

GRAFIKDESIGN UND LAYOUT

Der frischeste und heißeste Look, der in den letzten zehn Jahren im Genre der Grafikromane erschien, war die Anwendung der Schatten, spezifisch im Crime-Noir-Genre. Bei diesem neuen Ansatz wurde die gesamte Strichzeichnung eliminiert, sodass nur noch die Schatten gezeichnet wurden und der Rest weiß blieb. Das Resultat war ein flacher Look, mit einem Hauch Impressionismus, fast schon ein Design, zumindest mehr als nur eine Illustration. Der Ansatz ist schlichter, härter, höher konzeptionisiert und höher kontrastiert. Perfekt geschaffen für diese Themen.

DAS ERSTE ZUERST

SKIZZIERT ZUERST DIE FIGUR WIE BEI JEDER ANDEREN ZEICHNUNG.

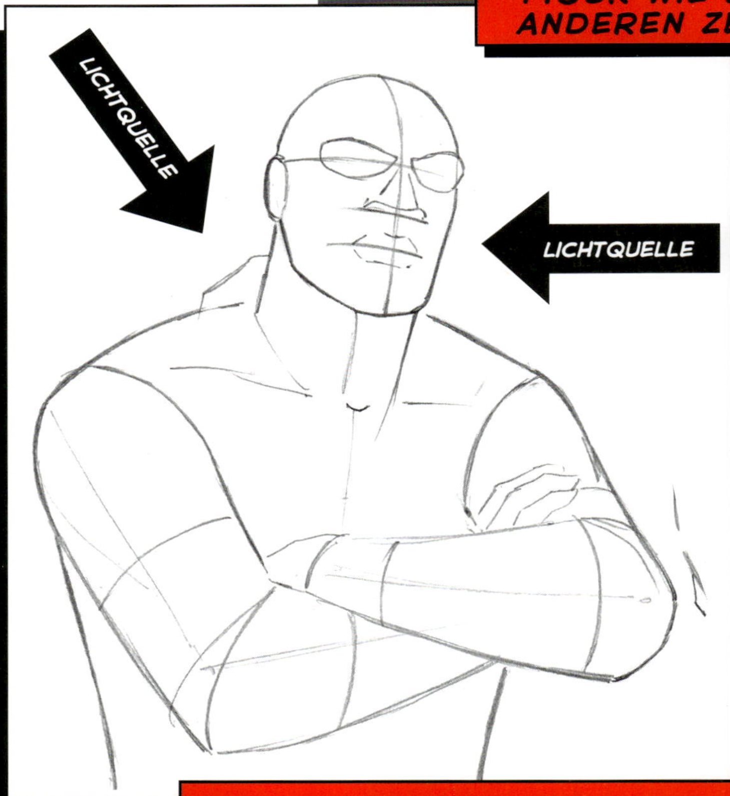

VERFEINERT NOCH MAL DIE FIGUR, ALS TEIL DES NORMALEN PROZESSES. NUN ABER KONTURIERT DIE STELLEN DOPPELT, DIE MIT WEISS BETONT WERDEN. WÄHLT EINE LICHTQUELLE.

SCHWÄRZT JETZT ALLE FLÄCHEN, AUF DIE KEIN LICHT FÄLLT. DER WEISSE ZAUN IM VORDERGRUND IST MEHR EIN DESIGNMUSTER, ALS EIN ZAUN IM RICHTIGEN SINNE. ER WIRKT DURCH DEN SCHWARZWEISS-KONTRAST. MAN DARF IHN NICHT DIREKT ALS OBJEKT BETRACHTEN, DAS VOM LICHTEINFALL GETROFFEN WIRD.

GRAFISCHE FIGUREN MIT HINTERGRUND

Hintergründe werden ebenso wie die Figuren behandelt. Lasst ruhig auch Licht auf die Figuren fallen. Es muss nicht alles im Dunkeln stattfinden. Setzt den Lichteinfall so ein, wie sonst den Schattenwurf. Beachtet die dünnen schwarzen Linien, die zur Darstellung der Leisten des Holzbodens dienen – aber wie hier auch, müsst ihr hier und da ein wenig schummeln und ein paar Linien einfügen. Das ist sehr wichtig, damit der Boden nicht wie eine einfache Holzplatte aussieht. Übertreibt aber nicht und verliert euch nicht in Details, sonst könntet ihr den ganzen Look zerstören. Haltet es also simpel.

SCHWARZ IN SCHWARZ UND WEISS IN WEISS

Die Attraktivität dieses Looks liegt darin, wie sich die unterschiedlichen Objekte vermischen und den Anschein erwecken, durch den Mangel an Kontrast zu verschwinden. Schwarze Objekte verschwinden in der Schwärze der Schatten. Weiße Objekte verlieren sich in der Grellheit der Helligkeit. Es entsteht eine harte, eine gnadenlose Welt, eine Welt in der Gut und Böse ihre Objektivität verlieren.

AKTENSCHRANK VERLIERT SICH IM WEISS DER WAND.

WÄNDE, PFLANZEN UND JALOUSIEN VERMISCHEN SICH ZU EINEM GANZEN.

STÜHLE VERLIEREN SICH IN DER SCHWÄRZE DES TISCHES.

SCHATTENFOLGEN ZUM SCHAFFEN VON TIEFE

Die Zeichnung zeigt einen Mann, der im Türstock steht und einige Meter von einem zusammengesunkenen Mann entfernt ist. Die Szene kann flach sein oder Tiefe haben. Lassen wir es so aussehen, als wären die wenigen Meter zwischen den beiden einige Hundert Kilometer. Als wäre es der Unterschied zwischen Leben und Tod. Wie machen wir das? Indem wir Schatten im Wechsel mit Licht anlegen. Sowohl die Licht- als auch die Schattenareale benötigen Muster. Plötzlich sehen die wenigen Schritte zwischen dem sitzenden Typen und dem stehenden so aus, als läge eine Ewigkeit dazwischen.

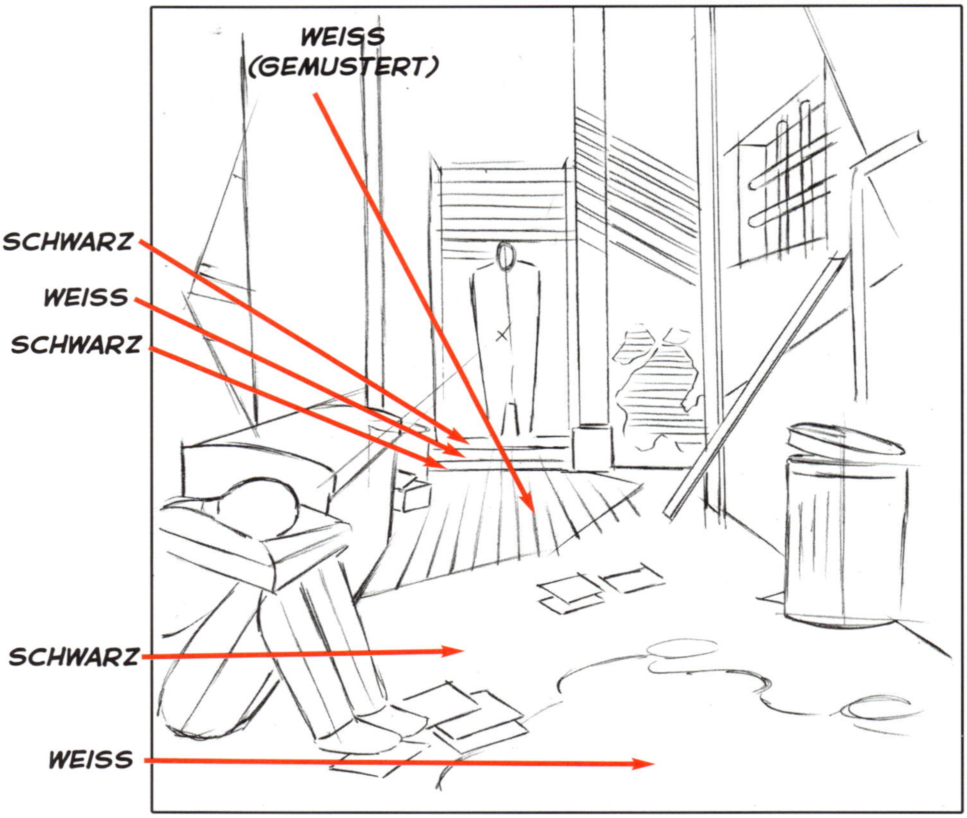

WIRKUNGSVOLLE NAHAUFNAHMEN

Crime Noir ist ein sehr intensives Genre. Entsteht ein spannender Moment, eine aufregende Begebenheit, ist es Zeit für eine Nahaufnahme. Das Genre bietet uns mehr als jedes andere den Luxus, öfter und länger in der Nahaufnahme zu verweilen. Zum einen ist der Leser generell anspruchsvoller. Zum anderen ist dieses Gefühl der Nähe, dieses unangenehme Gefühl, diese klaustrophobische Panik, Teil des Reizes. Es ist das, was euch neben einer tickenden Bombe zum Schwitzen bringt. Hier sind einige Nahaufnahmen, jede ein wenig näher als die vorherige. Euch bleibt kaum Zeit auch nur durchzuatmen. Kein Ort zum Verstecken. Ihr seid genauso eingesperrt, wie der Charakter.

EXTREME NAHAUFNAHMEN

Ihr müsst eure Nahaufnahmen nicht so wie diese gestalten. Vielleicht endet eure Sequenz mit einem Mädchen, das sich vor Angst in die Lippe beißt. Oder einer Nahaufnahme von ihrem Auge und einem Teil ihres Ohres, das zufällig den Plan sie zu töten, mithört.

Eine letzte Sache noch... All die Dinge, die ich euch über die Crime-Noir-Kunst gelehrt habe, liegen jetzt in euren Händen. Ihr solltet bereit sein, die Verantwortung zu übernehmen. Ich habe euch nur eine Türe geöffnet, nun liegt's an euch durchzugehen. Die richtigen Werkzeuge habt ihr, mächtige Werkzeuge. Wir sind durch echt harte Gegenden marschiert. Ich hab inzwischen das Gefühl, euch richtig gut zu kennen. Ihr seid die Art von Typen, die sich einer Herausforderung stellen. Nutzt eure Fähigkeiten für etwas Gutes. Es gibt schon genug Schlimmes da draußen. Also startet durch, viel Glück. Und jetzt haut ab – und dreht euch ja nicht um.

INDEX